스페인어 250

문항분석

Pruebas de Español

스페인어 250 문항분석

| 유은정 지음 |

HU:iNE

머리말

이 책은 초급 수준의 스페인어 문법 지식을 갖춘 학습자들이 스페인어 문법 실력을 보다 완벽하게 완성하고 유용한 표현을 익힐 수 있도록 구성되었다. 총 25개 세트로 이루어진 문제 파트, 이에 대한 해설과 한국어 해석을 담아 혼자서 스페인어를 학습하는데 도움을 주고자 하였다. 각 세트의 문제는 학습자들이 오류를 범하거나 학습 과정에서 놓칠 수 있는 문법 항목으로 선정하였고, 스페인어의 풍부한 표현을 익힐 수 있도록 구성하였다.

각 장은 학습자들이 스스로 공부할 수 있도록 다음과 같이 구성하였다.

1. I장에는 Prueba 1부터 Prueba 25까지 총 25개의 세트에 다양한 문법 관련 문항과 표현 관련 문항으로 구성하였다.

    - 문법 문항: 스페인어 학습자가 갖고 있는 문법적 지식을 다양한 문장을 통해 연습해보고 확인할 수 있을 것이다. 문법책에서 배운 내용을 되새기고 문제를 풀면서 자신이 부족한 문법 항목을 체크할 수 있을 것이다. 특별히 학습자들이 오류를 범하거나 놓칠 수 있는 문법 항목, 그리고 학습자들이 구체적인 설명을 필요로 하는 문법 항목과 구문들을 문제로 구성하여 문법 지식의 완성도를 높이고자 하였다.
    - 표현 문항: 스페인어에서 많이 사용되는 실용적인 표현을 문제를 통해 익힐 수 있도록 하였다. 유용한 표현에서 비어있는 빈칸에 들어갈 요소를 채우면서 의미를 유추해보고 해당 표현을 익힐 수 있도록 하였다.

2. II장에는 Prueba 1부터 Prueba 25까지 제시된 총 250개 문항의 문법 내용과 표현에 대한 설명을 실었다. 먼저 해당 문항의 핵심 문형을 표로 제시하여 학습자가 주요 문형을 파악할 수 있도록 하였다. 다음은 각 문항의 빈칸이 완성된 올바른 문장을 로 표시하여 제시하고, 해당 문항의 해설을 담았다. 이 부분에는 문제의 해설과 함께 해당 문법 항목과 관련하여 익혀야 하는 문법 사항을 함께 실었다. 그리고 추가적으로 설명이 필요한 부분에는 Tip! 으로 표시하여 익혀야 하는 내용을 담았다. 이러한 설명을 통해 학습자들이 문법 항목에 대한 보다 폭넓은 이해를 할 수 있을 것이다.

3. III장에는 Prueba 1부터 Prueba 25까지 제시된 각 문항의 스페인어 문장을 한국어로 해석하여 학습자들이 참고할 수 있도록 하였고 각 문항의 정답을 실었다.

이 책은 스페인어의 초급 지식을 바탕으로 다음 단계로 넘어가고자 하는 학습자들이 스페인어 문법을 스스로 완성하여, 정확한 문법과 문형에 대해 이해하고 풍부한 표현을 익히기 위한 교재이다. 문제를 풀어보면서 문법과 표현을 익히고 학습자 스스로 부족한 문법 항목을 점검하여 이를 보완할 수 있도록 구성하였으므로 이 책으로 공부하는 모든 스페인어 학습자들이 열심히 익혀 더 높은 수준으로 도약하기를 바란다.

2019년 8월

저자

Índice

II. Gramática y expresiones 문법과 표현

III. Apéndice 부록

I

Prueba 1 ~ Prueba 25

Prueba 1

1. Voy a __________ con un traje que me han traído mis padres.
   ① quitarme
   ② ponerme
   ③ vestirme

2. Se presentará el presupuesto de este año, sin duda __________ el documento más importante en el plano económico de todo el año.
   ① nada
   ② alguna
   ③ ninguno

3. No puedo salir ahora mismo porque __________ nevando.
   ① llega
   ② siguen
   ③ continúa

4. A: Me gusta el cine latinoamericano.
   B: __________, también.
   ① Yo
   ② Me
   ③ A mí

5. La __________ en la fiesta de mi cumpleaños. Fue un flechazo.
   ① conocí
   ② conocía
   ③ conozco

6. No he podido __________ ojo pensando cómo solucionar ese problema.
   ① echar
   ② pegar
   ③ mirar

7. Tus negocios van __________ en popa.
   ① ola
   ② viento
   ③ cubierta

8. Lola se divirtió __________. Bailó toda la noche y bebió mucho.
   ① a disgusto
   ② a lo grande
   ③ de mano en mano

9. Pensé "tierra, __________" cuando me caí en la alfombra roja.
   ① llámame
   ② sálvame
   ③ trágame

10. Un falso cliente entró a una librería, se hizo __________ y robó unos libros.
   ① el amo
   ② el loco
   ③ el escritor

Prueba 2

1. ¿Cuánto tiempo lleva ________ con María?
   ① sale
   ② salir
   ③ saliendo

2. Me dijo que no era que le ________ limpiar, sino que quería ayudar a su mamá.
   ① gustara
   ② gustaba
   ③ gustaría

3. Se incendió la casa ________ el abuelo había levantado con sus propias manos.
   ① que
   ② cuyo
   ③ donde

4. Detuvieron a un ciudadano que conducía con el carné vencido ________ tres años.
   ① desde
   ② desde hace
   ③ desde hacía

5. Nada más ________ al aeropuerto, llámame.
   ① llegue
   ② llegar
   ③ llegando

6. Aunque no quiero reconocerlo, no estuve a la ________ de las circunstancias.
   ① altura
   ② mente
   ③ cobertura

7. Alicia está la ________ de contenta con su labor.
   ① mar
   ② cima
   ③ torre

8. Solo he venido a ________ algo de comer.
   ① de
   ② con
   ③ por

9. El acuerdo requiere un tiempo de maduración. Es que todavía está muy ________.
   ① rojo
   ② verde
   ③ morado

10. En el folleto decían que el Hotel estaba situado a 50m de la playa y realmente estaba a 2 km del mar. Nos dieron ________.
   ① palos de ciego
   ② gato por liebre
   ③ un ojo de la cara

Prueba 3

1. María vio a Juan ________ el coche.
   ① limpia
   ② limpiar
   ③ limpiado

2. Nos olvidamos de decirle que ________ preparadas las fotocopias.
   ① tenemos
   ② tengamos
   ③ tuviéramos

3. ¿Por qué estabas tan seguro de que yo ________ la respuesta?
   ① sepa
   ② sabía
   ③ supiera

4. Su respuesta no fue precisamente ________ yo esperaba.
   ① que
   ② quien
   ③ la que

5. El periódico ________ compraré antes de ir al trabajo.
   ① de
   ② lo
   ③ se

6. El costo de vida está ________.
   Tengo problemas para llegar a fin de mes.
   ① en la luna
   ② por las nubes
   ③ a la orilla del mar

7. Este artículo me ha venido ________ para introducir el tema.
   ① al agua
   ② al pelo
   ③ al cuerno

8. Vino ________ a las dos de la tarde.
   ① como
   ② sobre
   ③ a eso de

9. No queremos que luego nos ________ la bronca por haberlo incumplido.
   ① hagan
   ② echen
   ③ llaman

10. A: Lo sabe mi mamá. ¿________ que sí, mamá?
    B: Sí, claro.
    ① A
    ② De
    ③ Por

Prueba 4

1. La gente no está contenta consigo y no ________ gusta a sí misma.
   ① la
   ② le
   ③ se

2. Como no ________ a nadie, no nos quedamos mucho tiempo en la fiesta.
   ① conocíamos
   ② conozcamos
   ③ conociéramos

3. Supongo que ________ aquí para darme la respuesta de tu jefe.
   ① vengas
   ② hayas venido
   ③ habrás venido

4. Los alumnos han cometido muchos errores en la redacción. Ellos ________.
   ① permiten corregírmelos
   ② los permiten corregirme
   ③ me los permiten corregir

5. El portero tocó el timbre de la puerta de Julia y ella lo atendió, aún ________ dormida.
   ① media
   ② medio
   ③ medios

6. Tuve que ir ________ en el autobús porque no había ningún asiento libre.
   ① a pie
   ② de pie
   ③ por pies

7. Será mejor que vayas ________. No tengo mucho tiempo para hablar contigo.
   ① al grano
   ② paso a paso
   ③ a la izquierda

8. La tortilla de patata me ha ________ riquísima.
   ① ido
   ② sabido
   ③ costado

9. A condición de que pagáramos todos ________, nos fuimos a comer. A mí también me gustaba que cada uno pagara lo suyo.
   ① a escote
   ② al contado
   ③ por su cuenta

10. Mi abuelo está fuerte ________ a pesar de tener más de noventa años.
   ① como un roble
   ② como una ostra
   ③ como una cabra

Prueba 5

1. Te advierto que yo no ____________ a entrar en vuestro juego.

① voy
② vaya
③ fuera

2. Atraparon infraganti a un ____________ delincuente cuando intentaba robar un cuadro.

① presunto
② económico
③ internacional

3. Con que me ____________ que vendrás me lo creo.

① prometas
② prometes
③ prometerás

4. Cada día te encuentro más guapa, hija. ¡Ay, quién ____________ tu edad!

① tiene
② tenía
③ tuviera

5. Yo en tu caso no me ____________ tanto.

① esfuerzo
② esforzaré
③ esforzaría

6. Estoy viendo una película española. Pero es que no entiendo ni ____________.

① a
② che
③ jota

7. Ellos se han amado tanto. Siempre han sido inseparables. Han sido ____________.

① uña y carne
② pies y cabeza
③ manos y dedos

8. Es que me ____________ de quicio que sea tan casero.

① va
② saca
③ quita

9. Le pregunté a la chica si quería ir conmigo a la fiesta... y me dio ____________.

① botas
② pelotas
③ calabazas

10. A: He quedado con Carmen.

B: Ah, salúdala de ____________.

① mi modo
② mi parte
③ mis recuerdos

Prueba 6

1. ¡ ______ lo estudioso que es y lo han suspendido!
   ① Con
   ② Por
   ③ Hasta

2. Si hubiéramos cuidado la tierra, ahora no ______ tantos problemas ecológicos.
   ① tendremos
   ② tendríamos
   ③ habríamos tenido

3. No ganan bastante dinero, de ahí que ______ con los padres.
   ① viven
   ② vivan
   ③ vivieron

4. Nos pidieron que no tocáramos nada hasta que ______ la policía.
   ① vino
   ② venga
   ③ viniera

5. Me alegra mucho verte ______ de feliz.
   ① así
   ② muy
   ③ tanto

6. A: Oye, Rodrigo se ha ido del trabajo.
   B: ¿Y ______ ?
   ① así
   ② eso
   ③ ello

7. Han hecho buenas ______ con sus vecinos. No creo que ellos tengan problemas.
   ① caras
   ② migas
   ③ espinas

8. Siempre se pone como ______ cuando tiene un examen.
   ① un flan
   ② una rata
   ③ unos toros

9. A: ¿Puedo entrar en el despacho?
   B: Claro, no ______ más.
   ① saldría
   ② tendría
   ③ faltaría

10. Estoy hasta ______ del ordenador y de trabajar.
    ① los ojos
    ② las manos
    ③ las narices

Prueba 7

1. Yo te [blank] mi coche, pero no sabía que tenías el tuyo averiado.
   ① presté
   ② prestaría
   ③ habría prestado

2. Quiero llegar con tiempo, [blank] encuentre la función empezada.
   ① ya que
   ② no sea que
   ③ mientras tanto

3. No comentes que [blank] fácil.
   ① es
   ② sea
   ③ fuera

4. Lo recuerdo como si [blank] ayer.
   ① ocurriera
   ② había ocurrido
   ③ hubiera ocurrido

5. No sabes [blank] bien que me lo he pasado en el campo.
   ① el
   ② lo
   ③ mi

6. Una vez [blank] a este punto el relato, pensé que debía concluirlo.
   ① llegar
   ② llegado
   ③ llegando

7. Vamos a enterrar el pasado y a hacer borrón y [blank] nueva para el futuro.
   ① cuenta
   ② solución
   ③ anotación

8. A: Me habría gustado hablar contigo.
   B: Yo te escucho. Soy todo [blank].
   ① visto
   ② oídos
   ③ hablador

9. Me gusta descansar en casa porque me siento [blank].
   ① de piedra
   ② a mis anchas
   ③ como un roble

10. Si no se lo hubiéramos preguntado a ellos, no nos [blank] nada.
   ① habían dicho
   ② hubieran dicho
   ③ hubiesen dicho

Prueba 8

1. Mi hermana está enferma. Pero no _______ parece.

① se
② la
③ lo

2. Su mamá la ha regañado siempre por andar _______.

① descalza
② descalzo
③ descalzar

3. Le preguntaré si _______ me dijiste es mentira.

① que
② lo que
③ lo cual

4. Busco una famosa canción que _______ cantar todo el mundo.

① pueda
② puede
③ pudiera

5. La comarca tendrá un metro cada cinco minutos en horas _______.

① punta
② punto
③ puntas

6. Lograr el primer puesto será pan _______ para ti.

① mojado
② comido
③ podrido

7. A: ¿Qué te parece si quedamos delante del Palacio Real?

B: _______ mí, ¡vale! ¿A qué hora quedamos?

① A
② De
③ Por

8. Han convocado la reunión. _______ tengan algo importante que contarnos.

① Tal vez
② Lo mismo
③ A lo mejor

9. Déjate de rodeos. No me gusta que se anden por _______.

① el parque
② las ramas
③ las afueras

10. Me parece que acabo de meter _______. Es que le he dicho lo de Pedro. Él va a enfadarse conmigo.

① la pata
② la cabeza
③ la cuchara

Prueba 9

1. Fue Juan ______ gritó.

① que
② lo que
③ el que

2. El culpable ______ yo.

① es
② soy
③ somos

3. Cualquiera que te ______ pensará que estás loco.

① oye
② oiga
③ oyera

4. Su conversación era de lo más ______.

① divertir
② divertido
③ divertida

5. Trabaja hasta muy tarde, de manera que siempre ______ a la hora de almorzar.

① se levante
② se levanta
③ se levantase

6. Por mí que ______ conmigo. Yo no podría hacer nada sin ti.

① te quedo
② te quedas
③ te quedes

7. No pongas tantas excusas, que se te ve ______.

① la cara
② el corazón
③ el plumero

8. Ahora sí que trabaja bien. Está como ______ en el agua.

① pez
② musgo
③ piedra

9. Con ______ en la mano te digo que no puedo hacer más de lo que hago.

① la fe
② la sangre
③ el corazón

10. Estoy hasta el moño de que todas las personas me ______ lo que debo hacer.

① dicen
② digan
③ dirían

Prueba 10

1. Juan ________ la cara y miró la puerta.

① levantó
② la levantó
③ se levantó

2. No deberías ________ comportado de esa forma.

① haber
② haberte
③ te haber

3. No hay ________ menor duda de que el clima ha cambiado.

① lo
② la
③ una

4. Esta es la catedral ________ visitamos el año pasado.

① que
② a que
③ donde

5. A: ¿Cuántas personas había aproximadamente en el concierto?

B: No sé, ________ unos ochocientos chicos.

① asistía
② asistirían
③ había asistido

6. María habla por ________. Cuando empieza a hablar, no hay quien la pare.

① tanto
② sí sola
③ los codos

7. No es recomendable tumbarse después de las comidas, ________ es adecuado realizar un ejercicio ligero como pasear.

① asimismo
② más bien
③ por ende

8. Álvaro siempre me ayuda con mucho gusto. Es un pedazo de ________.

① pan
② queso
③ tierra

9. Es muy importante seguir todas las instrucciones al ________ de la letra.

① fin
② pie
③ sonido

10. A: Mamá, he sacado la nota más alta de toda clase. No me lo creo.

B: Tú te lo ________. Enhorabuena.

① llegas
② mereces
③ esforzaste

Prueba 11

1. ________ un bolígrafo con el que escribir.
   ① Tiré
   ② Necesito
   ③ He puesto

2. Se supone que la gente ________ buena en el fondo.
   ① es
   ② son
   ③ sea

3. Quería entrevistar a unos estudiantes, que ________ participado en el congreso.
   ① hayan
   ② habían
   ③ hubiesen

4. A: Se parece muchísimo a su madre, ¿verdad?

   B: Sí, es ________ de alto que ella.
   ① como
   ② igual
   ③ tanto

5. El tribunal declaró ________ a Sandra por un presunto fraude fiscal.
   ① inocente
   ② inocentada
   ③ inocentemente

6. ________ las sombras, la imagen se hizo completamente clara.
   ① Desaparecer
   ② Desaparecidas
   ③ Desapareciendo

7. Este año se redujo el presupuesto en un diez por ________.
   ① cien
   ② ciento
   ③ cientos

8. Yo era entonces un chico de veinte y ________ años.
   ① poco
   ② algo
   ③ pico

9. Todavía no conozco muy bien la ciudad. ¿________ dónde está la estación de Chamartín?
   ① Sabes
   ② Conoces
   ③ Reconoces

10. No me has escuchado. Me has oído como quien oye ________.
    ① nevar
    ② llover
    ③ roncar

Prueba 12

1. Daniel llamó ayer por la tarde preguntando si ________ de vosotros puede ir a buscarle.

① unos
② alguno
③ alguien

2. Date prisa, ________ llegamos tarde.

① que
② como
③ cuanto

3. A: ¿Dónde está Marta?
B: En su despacho.
A: ¿ ________ Isabel?
B: Pues, no lo sé.

① Y
② E
③ O

4. La mayoría de los trabajadores ________ con sus propias condiciones de trabajo.

① está satisfecha
② está satisfecho
③ están satisfechos

5. ¿Por qué te ________ pronunciarlo?

① cuesta
② olvidas
③ atreves

6. No permitas que ________ a entrar ahí.

① vuelve
② vuelva
③ volver

7. Me parece que esto ha ocurrido demasiado deprisa, ya que las decisiones se han tomado ________.

① a la ligera
② con cautela
③ paso por paso

8. El policía hizo la vista ________ aunque vio el coche mal aparcado.

① gorda
② previa
③ cerrada

9. Eché un vistazo a los grandes edificios que se alzaban a ________ y siniestro.

① zurdo
② diestro
③ derecha

10. Los niños, que llegaron hambrientos del colegio, se comieron todas las galletas en un ________ de ojos.

① subir o bajar
② abrir y cerrar
③ cortar y pegar

Prueba 13

1. Una niña de un año pudo ser rescatada ______ de entre las llamas.

① sano y salvo
② sana y salva
③ sanas y salvas

2. En el presente estudio el 15 % de las personas vive ______.

① sola
② solos
③ a solas

3. ¡Mi jefe tiene una de trabajo ______ no puede atenderte ahora!

① que
② cuando
③ para que

4. Me gustaría que se reconciliaran para que ______ trabajando en equipo.

① sigan
② seguían
③ siguieran

5. No sé nada de ese tema, ______ pregúntalo a tu secretaria.

① conque
② sin que
③ aun cuando

6. A: ¿Marta es una buena actriz?

B: No, no ______ parece.

① la
② se
③ lo

7. Oye, Claudia, te mantendré ______ de todas las novedades que haya.

① informas
② informada
③ informar

8. Si él hubiera tenido hijos, el mayor ______ ahora veinticinco años.

① tendrá
② tendría
③ habría tenido

9. Solo tomando un café ______ y un pan dulce, sentirás una rápida subida de energía.

① cargado
② largado
③ doblado

10. Jamás le he puesto la mano ______ ni la he insultado.

① detrás
② encima
③ enfrente

Prueba 14

1. Esta señorita es la escritora ______ novelas te he hablado.
   ① cuya
   ② cuyas
   ③ de cuyas

2. Se ______ a 150 obreros para que terminaran una obra en 20 meses.
   ① contrato
   ② contrató
   ③ contrataron

3. Sospechaba que ______ para poner bastantes cosas en su sitio.
   ① sirva
   ② sirviera
   ③ serviría

4. Yo andaba por las calles y se me acercó el tipo ______.
   ① el
   ② ese
   ③ ello

5. Jorge ha decidido no participar en la reunión porque ______ todavía muy verde en este tipo de negociaciones.
   ① es
   ② está
   ③ se hace

6. Al abrir mi local no reflexioné mucho ni planifiqué nada, por lo cual puse el nombre "______" a mi tienda.
   ① a lo loco
   ② en las nubes
   ③ la mar de tapas

7. Ese hombre le hace ______ porque quiere pedirle un favor.
   ① la bola
   ② la pelota
   ③ la cuerda

8. Yo estoy ______ de todo, así que mejor no me mientas.
   ① al tanto
   ② a la luz
   ③ a la intemperie

9. Tú dormías como un ______ en el sillón.
   ① bendito
   ② bendecir
   ③ bendecido

10. Sus compañeros lo tacharon ______ cobarde.
   ① de
   ② por
   ③ como

1. Pienso empezar por leer la página ________.

① trigésimo cuarta
② trigésima cuarta
③ trigésimo cuarto

2. Haz una lista de todo ________ necesitas antes de ir de compras.

① cuyo
② cuanto
③ los que

3. Todavía queda mucho ________ hacer para mejorar la economía.

① a
② de
③ por

4. Bebí tanto que ________ el conocimiento.

① perdí
② pierda
③ perdiera

5. He visitado la Iglesia de ________ Tomé, donde se encuentra el famoso cuadro de El Greco.

① San
② Santo
③ Santa

6. Cuidado con lo que me dices, que estoy que ________ por las paredes.

① se oye
② te pasa
③ me subo

7. Esas dos amigas vivieron muy cerca ________ en Alicante.

① una a otra
② una de otra
③ una con otra

8. Se me hizo ________ en la garganta al despedirme de mi familia.

① un nudo
② un dolor
③ una espina

9. Ya sabes dónde estoy. Estoy dispuesto a ________ una mano, tía.

① echar
② poner
③ arrojar

10. Toni decía lo que pensaba sin hacer caso de los demás. Él no tenía ________ en la lengua.

① pelos
② límites
③ cubiertas

Prueba 16

1. Al Rey solo ______ he visto un par de veces en mi vida.

① me
② la
③ lo

2. Le llamo para darle ______ notición.

① un
② una
③ uno

3. Me ______ tanto el sabor como el olor del café.

① encanta
② encanto
③ encantan

4. Fue entonces ______ consiguieron su primer y único gol, en un contraataque.

① donde
② el que
③ cuando

5. ¡Si ______ convencerla para que vuelva a su casa...!, pero no creo que quiera hacerme caso.

① puedo
② pueda
③ pudiera

6. Ninguno de ______ jugadores puede participar en la eliminatoria.

① ambos
② sendos
③ los dos

7. Lo primero que debería hacer es comprar un buen manual sobre Internet y leerlo de ______ a rabo.

① cabo
② pico
③ cabeza

8. Precisamente mañana ______ diez días que me llamó.

① hace
② hará
③ hacía

9. Es aburrido jugar al ajedrez contra el ordenador. Prefiero a alguien de ______.

① mi nivel
② otro país
③ carne y hueso

10. El jurado se las ha visto y ______ para elegir al mejor grupo entre los 20 candidatos.

① comido
② deseado
③ consultado

Prueba 17

1. Incluso la oí   a alguien por teléfono; sus voces llegaban hasta el estudio.

   ① gritar
   ② gritaba
   ③ a gritar

2. Anoche me olvidé de decirle que me   la esterilla de yoga.

   ① trae
   ② traiga
   ③ trajera

3. Compartir coche hasta tu destino puede ser una opción tanto   como ecológicamente más eficiente.

   ① económico
   ② económica
   ③ económicamente

4. Con la niña   no podremos salir de viaje.

   ① enferma
   ② española
   ③ inteligente

5. ¡No me digas que   a régimen!

   ① estar
   ② estés
   ③ estás

6. A: Oye, no se te ocurra decirle a mi esposa que me han despedido del trabajo.
   B: Claro, no te preocupes. Sabes que soy   .

   ① una tumba
   ② un bocazas
   ③ una cotorra

7. Lo que pasa es que ha tenido   de deslizarse en el baño y torcerse un tobillo.

   ① la mala pata
   ② las malas pulgas
   ③ la mano izquierda

8. Juan la vio   en un banco de madera, al pie del túnel de rosas.

   ① sentar
   ② sentada
   ③ sentando

9. Tengo   de problemas que no me doy tiempo para mi familia.

   ① una
   ② uno
   ③ unos

10. Y lo bien que te lo   si no pensaras que te están mirando.

    ① pasas
    ② pasaste
    ③ pasarías

Prueba 18

1. A: ¿En ______ curso estás?
   B: Estoy en el último año de la preparatoria.
   ① qué
   ② cuál
   ③ cuánto

2. A: ¿Cómo está Antonio?
   B: Bastante bien ______ lo mal que lo ha pasado.
   ① de
   ② por
   ③ para

3. Ese niño baila a ______ Michael Jackson y sabe tocar la guitarra.
   ① el
   ② lo
   ③ la

4. Estoy ______ cansado que lo único que me apetece es irme a la cama.
   ① tan
   ② muy
   ③ mucho

5. ______ más cansada estoy, más me cuesta dormir.
   ① Cuan
   ② Cuanto
   ③ Cuanta

6. ______ que te moleste comer con ellos.
   ① Sé
   ② Supongo
   ③ Entiendo

7. Se lo he contado todo de pe a ______.
   ① pa
   ② erre
   ③ zeta

8. Él ha tirado piedras a ______ con esta entrevista, ya que ha creado desconfianza a sus seguidores.
   ① su propio tejado
   ② algunas vidrieras
   ③ los parabrisas de los vehículos

9. Antonio se ofreció para llevarlo al aeropuerto el día ______ se fuera.
   ① que
   ② el que
   ③ al que

10. Cuando enfermó y no ______ cabeza, venía a verlo una vez por semana.
   ① dolía
   ② volvía
   ③ levantaba

Prueba 19

1. A: A nuestra edad encontrar un trabajo es cada vez más difícil.

B: ¡Ni que ________ sesenta años!

① tenemos
② tengamos
③ tuviéramos

2. Ella no sabía ________ le ocurrió a su marido.

① que
② qué
③ al que

3. La habitación era pequeña y muy sucia, pero menos mal que ________ cerca de la boca de metro.

① esté
② estaba
③ estuviera

4. A: Oye, ¿qué hago?

B: ________ que ser tú quien decida.

① Es
② Hay
③ Tienes

5. A: ¿A qué ha venido Carlota?

B: A que le ________ la cena.

① prepara
② prepare
③ preparará

6. Ni que ________ tiene que estuve totalmente de acuerdo con usted.

① caber
② decir
③ hacer

7. Parece cierto que ________ a subir el precio del tabaco.

① va
② vaya
③ fuera

8. No soporto que me ________ lo que tengo que hacer.

① dicen
② digan
③ dijeron

9. ¿________ crees que es lo primero que pensé?

① Qué
② Cómo
③ Dónde

10. Tras el partido de ayer, los jugadores estaban ________ polvo.

① hecho
② hechos
③ haciendo

Prueba 20

1. Te dejaré ir siempre y cuando ________ el examen.

① apruebas
② apruebes
③ aprobaras

2. Le operaron ________ nariz a Marta.

① su
② la
③ a la

3. A: Juan considera a Marta inteligente.

B: Yo no ________ considero.

① la
② lo
③ me

4. A: Lo importante es que tú y yo nos llevemos bien.

B: ________ pienso yo.

① Eso
② Ello
③ Ellas

5. Al presenciar el accidente, por poco me ________ del susto.

① desmayo
② desmayó
③ desmayé

6. Tendrías ________ más posibilidades que las que has tenido hasta ahora.

① muy
② mucho
③ muchas

7. ¡ ________ cerca está la playa de aquí!

① Cuán
② Cuanto
③ Cuánta

8. Lo que más me gustó de Toledo fue ________ en el parador.

① hospedarse
② hospedarme
③ me hospedé

9. Todo el día la niña estaba callada sin decir ni ________.

① pío
② guau
③ miau

10. Julia charlaba con su amiga Carlota muy a menudo. La visitaba ________ por tres.

① cuatro
② una vez
③ cada dos

Prueba 21

1. Este coche no es   .

① mí
② mío
③ de mí

2. Espero que este mensaje llegue hasta
            .

① te
② ti
③ tú

3. Debe decirse   por ciento,
            por ciento, puesto que el numeral *uno* solo se apocopa ante determinado tipo de sustantivos, y *por* es una preposición.

① un - veintiún
② uno - veintiún
③ uno - veintiuno

4. María se llevó la maleta   porque no había nadie a su alrededor.

① consigo
② de sí misma
③ por ella misma

5. Siempre que   dinero me llama a mí, no a sus padres.

① necesito
② necesite
③ necesita

6. Le presté las camisas a mi hermano. Y me las devolvió   .

① sucio
② sucias
③ sucios

7. Hay que esperar a que la   el jefe.

① llame
② llamará
③ ha llamado

8.   Juan la verdad, ya no me queda nada por hacer.

① Saber
② Sabido
③ Sabiendo

9. No se podrá encender un cigarrillo ni en las zonas que algunas empresas tenían   para el personal fumador.

① habilitar
② habilitado
③ habilitadas

10. La habitación que   a la calle es preciosa y perfecta.

① da
② va
③ hay

Prueba 22

1. Se dice que a Raúl no le gustaba esa amistad entre Toni y ________.

① te
② ti
③ tú

2. No lo hice porque me ________, sino porque necesitaba más experiencia.

① obligan
② obliguen
③ obligaran

3. A mí me parece lógico que los ________.

① ayudamos
② ayudemos
③ hemos ayudado

4. Es increíble que Daniel ________ todas las asignaturas el año pasado.

① aprobó
② apruebe
③ aprobara

5. Alba ha aprobado con buenas notas, y eso que no ________ apenas.

① ha estudiado
② había estudiado
③ hubiera estudiado

6. Soy tu madre. Hagas ________ hagas, estaré a tu lado.

① que
② donde
③ lo que

7. A: ¿Me estás tomando ________?

B: No, hombre. ¡Qué va! Estoy hablando en serio.

① el pelo
② la corbata
③ las piernas

8. A: Póngame un chocolate con seis churros, por favor.

B: ¡________ una de chocolate con churros!

① Yendo
② Llevando
③ Marchando

9. Un accidente ocurrió en breves instantes. Luis se salvó ________ en el último momento.

① a tope
② en blanco
③ por los pelos

10. Ellos están dispuestos a tirar

por la ventana para

fichar a Damián.

① la casa

② la carpeta

③ los muebles

¡Practica español!

Prueba 23

1. Es importante que los padres ayuden a sus hijos a que ____________ puntuales.
   ① son
   ② sean
   ③ serán

2. Le ____________ subir al despacho del director.
   ① dijo
   ② siguió
   ③ ordenó

3. Tuvo que abandonar la casa que había alquilado en la costa ____________ dos años.
   ① hace
   ② haga
   ③ hacía

4. José era un niño muy maduro ____________ su edad, posiblemente por haber vivido prácticamente solo.
   ① a
   ② por
   ③ para

5. Me ____________ a trasladarme a Seúl.
   ① vio
   ② hizo
   ③ obligó

6. Cansado y ____________, sigue trabajando.
   ① eso
   ② todo
   ③ poco

7. Tú eres un profesional como ____________ de un pino.
   ① la copa
   ② el dedo
   ③ las hojas

8. Esta cafetería es un perfecto lugar para trabajar, así que los fines de semana se pone ____________, llena de jóvenes que acuden aquí.
   ① sin blanca
   ② de bote en bote
   ③ mano sobre mano

9. Por muy mal que te vaya, no debes tirar ____________. Que no te desanimes nunca.
   ① la toalla
   ② la piedra
   ③ la moneda

10. ¿Pero cómo se te ocurre decírselo? No tienes ____________ de frente.
   ① un pelo
   ② el sudor
   ③ dos dedos

Prueba 24

1. Jorge me llevó a la casa de mi abuela. Allí
            entregó a ella.

① me
② le me
③ me le

2. ¿Por qué no vamos a tomar algo? Podríamos   al día.

① irnos
② ponernos
③ tomarnos

3. No quiero ir al pub. No estoy ahora
            ruidos.

① a
② en
③ para

4. He preparado esta comida para ti. Que
            .

① aprovecha
② aproveche
③ aproveches

5. Doy por   tus comentarios.

① sentar
② sentado
③ sentados

6. Se le otorgaría la única
vacante para ese puesto.

① hora
② vida
③ plaza

7. "Érase una vez" es la frase
empiezan todos los cuentos infantiles.

① que
② de la que
③ con la que

8. Déjame que te   yo.

① invito
② invite
③ invitaría

9. Oye, me   tocado la lotería.

① he
② ha
③ han

10. Le dieron   al paciente que había ingresado en el hospital porque podía andar con muletas.

① el alta
② la baja
③ la media

Prueba 25

1. Son ellos los que se preocupan de mantener ______ las zonas boscosas.
① limpio
② limpias
③ limpiamente

2. Solo me queda animarles a que ______ trabajando.
① continúa
② continúen
③ continuarán

3. Ellos son unos ______. No les hagas caso.
① cualquier
② cualquieras
③ cualesquiera

4. ¿Quieres tomar un zumo de naranja? Lo venden ______ exprimido.
① recién
② reciente
③ recientes

5. En cuanto volviera a su país, se ______ a ahorrar para comprarlo.
① puso
② pondrá
③ pondría

6. No tengo la culpa de que ______ nervioso.
① estás
② estés
③ estabas

7. Espera aquí. Volveré ______ media hora. Que tengo algo que decir.
① a
② en
③ por

8. Hoy nos reunimos para poner los puntos sobre ______ lo de ayer.
① las íes
② las úes
③ las aes

9. Te doy ______ de que si llegamos a un acuerdo voy a respetarlo. Te lo prometo.
① mi sangre
② mi palabra
③ mi nombre

10. No puedo ______ la línea telefónica que quieres cancelar porque no soy el titular de la línea.
① dar de sí
② dar de alta
③ dar de baja

Nota

II

Gramática y expresiones

문법과 표현

1 **ponerse + 명사**
vestirse {de/con} + 명사

Voy a vestirme con un traje que me han traído mis padres.

재귀동사 ponerse와 vestirse는 모두 "~을 입다"라는 의미를 표현할 수 있다. 그러나 두 동사의 사용에는 차이가 있다. ponerse는 직접목적어로 의복의 명사를 취하는 경우, 이 명사와 함께 "~을 입다, 쓰다"의 의미를 표현한다. 반면, vestirse는 동사 자체의 의미가 "옷을 입다"는 의미이며, 구체적인 의복의 이름이나 의복의 색깔, 형태 등을 표현하기 위해서는 de나 con을 사용하여 전치사구로 표현한다. 동사 quitarse 역시 ponerse와 마찬가지로 직접목적어로 의복의 명사를 사용하여 "(옷을) 벗다"는 의미를 표현한다.

예

Me puse una chaqueta roja.
(나는 빨간 색 재킷을 입었다.)

Ella siempre se viste de blanco.
(그녀는 항상 흰색 옷을 입는다.)

Se quitó la camiseta y la puso en la silla.
(티셔츠를 벗어 의자에 놓았다.)

정답 ③

2 **con alguna duda**
sin ninguna duda
sin duda alguna

Se presentará el presupuesto de este año, sin duda alguna el documento más importante en el plano económico de todo el año.

alguno, ninguno는 정해지지 않은 "어떤, 어떤 것"을 의미하는 형용사나 대명사로 사용될 수 있다. alguno는 긍정문에서 사용되고, ninguno는 부정문에서 사용된다. 이때 주의할 점은 부정문에서 alguno(a)는 명사의 뒤에서 사용되어 ningún, ninguno의 부정(negación)의 의미를 표현한다는 점이다. 따라서 "아무런 의심없이"의 의미를 표현하기 위해서는 sin ninguna duda, sin duda alguna를 사용할 수 있다.

예

No hay razón alguna para creerlo.
(그것을 믿을 그 어떤 이유도 없다.)

Le han llamado sin motivo alguno.
(아무런 이유 없이 그에게 전화했다.)

정답 ②

3	**seguir** / **continuar**	+ **현재분사(-ando/-iendo)**

No puedo salir ahora mismo porque continúa nevando.

동사 seguir와 continuar는 "계속해서 ~하다"의 의미를 갖는 동사로, 다른 동사를 동반하는 경우 그 동사는 진행의 상(aspecto)을 나타내는 현재분사를 사용한다. 제시문에서는 날씨를 나타내는 동사 nevar(눈이 오다)가 현재분사로 사용되었기 때문에 인칭변화 되어야 하는 seguir나 continuar동사는 3인칭 단수형으로 사용되어야 한다.

예

Los pájaros siguen cantando en el jardín.
(새들이 정원에서 계속 노래하고 있다.)

Afuera continúa lloviendo a cántaros.
(밖에는 비가 계속 억수같이 내리고 있다.)

정답 ③

4

A mí	**me**		
A ti	**te**		
A él/ella/Ud.	**le**	**gusta**	**+ 주어**
A nosotros(as)	**nos**	**gustan**	
A vosotros(as)	**os**		
A ellos/ellas/Uds.	**les**		

A: Me gusta el cine latinoamericano.
B: A mí, también.

gustar동사는 의미상의 주어가 간접목적대명사(me/te/le/nos/os/les)로 표현되고, 의미상의 목적어가 문법적 주어로 표현되는 구조를 갖는다. 간접목적대명사는 비강세형 인칭대명사(pronombre átono)에 해당하며, 소위 접어(clítico)라고 불린다. 즉, 비강세형 인칭대명사는 동사에 붙어 항상 동사와 함께 나타나야 하며, 독립적으로 홀로 사용될 수는 없다. 따라서 gustar구문에 대해 "나 또한, 나 역시"의 의미로 답하기 위해서는 전치사 a와 전치격 인칭대명사로 이루어진 전치사구를 사용해야 한다. 반면에, 주격인칭대명사가 사용되는 구문에 대해 "나 또한, 나 역시"를 표현하는 경우, 강세형 인칭대명사(pronombre tónico)인 주격인칭대명사는 단독으로 사용될 수 있다.

예

A: Te quiero. (너를 좋아해.)

B: Yo, también. (나도 그래.)

정답 ③

5 **La conocía desde que era niño.**
La conocí {en 2000/ en ese momento/ en un viaje a España}.

La conocí en la fiesta de mi cumpleaños.
Fue un flechazo.

동사의 과거시제 중 단순과거는 동작의 완료성을 표현하며, 불완료과거는 동작의 지속 혹은 과거 상황의 묘사 등을 위해 사용된다. 동사 conocer는 "(사람, 장소를) 알다"라는 의미를 표현하는 동사로 동사 자체의 의미는 움직임이 없는 소위 '정적인' 의미를 표현하는 동사이다. 이러한 동사가 단순과거의 시제로 표현되는 경우에는 해당 시제가 갖고 있는 완료성의 의미를 동사가 얻게 되어 동작동사처럼 사용된다. 즉, 불완료과거인 conocía는 "알고 지내는 사이이다. (전부터) 알고 있었다"라는 의미이지만, 단순과거인 conocí는 특정 시간, 특정 장소에서 "알게 되었다"라는 의미를 표현한다.

예

No sabía que te interesaba la decoración.
(네가 장식에 관심이 있는 줄은 몰랐었어.)

Lo supe cuando me lo dijiste.
(네가 내게 그것을 말했을 때 그것을 알아 차렸어.)

정답 ①

Tip!

불완료과거는 '열려진 결말'을 나타내는 기능을 갖고 있으며, 단순과거는 '완료된 결말'을 나타내는 기능을 갖는다.

예

Podía comprar esa chaqueta.
(그 재킷을 살 수 있었다 → 살 수 있는 여건이나 상황은 되었다는 의미로 실제로 샀는지는 표현되지 않은 것이다.)

Pude comprar esa chaqueta.
(그 재킷을 살 수 있었다 → 살 수 있는 여건이 되었고 결과적으로 재킷을 샀다는 의미를 내포하고 있는 것이다.)

따라서 Podía comprar esa chaqueta, pero no la compré.는 가능한 표현이지만, *Pude comprar esa chaqueta, pero no la compré.는 맞지 않는 표현이다.[1)]

1) 문장의 앞에 *표시는 비문법적인 문장임을 나타낸다.

6 **no pegar ojo : no poder dormir**

No he podido pegar ojo pensando cómo solucionar ese problema.

동사 pegar는 "붙이다, 연결시키다"라는 의미로, 'no pegar ojo'는 "잠을 못 잤다"는 의미를 표현한다. cerrar 동사를 이용한 'cerrar los ojos'는 "진실을 인정하지 않다, 받아들이지 않다"는 의미를 표현한다. echar 동사를 이용한 'echar el ojo'는 "관심 있게 보다, 눈독 들이다"라는 의미를 표현한다.

정답 ②

7 **viento en popa**

Tus negocios van viento en popa.

'popa'는 "배의 뒷부분, 선미"를 의미한다. 배의 뒷부분에 바람이 불어주면 배가 순조롭게 잘 나가게 된다. 따라서 'viento en popa'는 "어려움 없이, 운 좋게(sin dificultades, con buena suerte)"라는 의미로 '{ir/caminar} viento en popa'라는 표현은 "행운을 만나다, 순조롭게 진행되다, 성공하다"의 의미를 표현한다. 유사한 의미로 'ir sobre ruedas'의 표현을 사용할 수도 있다.

정답 ②

8 **a lo grande**

Lola se divirtió a lo grande. Bailó toda la noche y bebió mucho.

'a lo grande'는 『a + 관사 + 형용사』의 구조를 이용해 '방법'을 표현한다. 형용사 grande에 중성관사 lo를 사용한 구문으로 "호화롭게, 거하게(con abundancia de medios, con lujo)"의 의미를 나타낸다. 'a disgusto'는 "마지못해, 하는 수 없이"를 의미하며, 'de mano en mano'는 "대대로, 손에서 손으로"를 의미한다.

정답 ②

Tip!

『a + 여성 정관사 + 지명이나 국명 형용사의 여성형』의 구조는 "~방식으로"의 의미를 표현한다.

예

Me gusta la paella a la valenciana.
(나는 발렌시아식 파에야를 좋아한다.)

Ellos se despidieron a la francesa.
(그들은 안녕이란 인사 없이 작별했다.)

9 trágame, tierra

Pensé "tierra, trágame" cuando me caí en la alfombra roja.

동사 tragar는 "삼키다"라는 의미를 표현한다. trágame는 tragar동사의 tú에 대한 긍정 명령형에 직접목적대명사 me가 붙은 것이다. 'trágame, tierra'는 직역하면 "땅이여, 나를 삼켜라"로 해석된다. 이 표현은 매우 창피한 상황에 이를 벗어나고픈 바람을 표현하는 것으로 우리말의 "쥐구멍에라도 들어가고 싶다"는 의미와 유사하다고 볼 수 있다.

정답 ③

10 hacerse el loco

Un falso cliente entró a una librería, se hizo el loco y robó unos libros.

'hacerse el loco'는 "짐짓 모르는 척 하다, 시치미를 떼다"는 의미를 표현한다. 문장에서 주어로 표현된 'un falso cliente'는 "거짓 고객"이라는 의미로 서점에 들어간 사람은 책을 사려는 목적을 갖고 있는 고객이 아니라는 것을 알 수 있다. 따라서 '모르는 척 책을 훔쳤다'는 의미로 문장을 완성해야 한다. 스페인에서는 유사한 의미로 'hacerse el sueco'가 사용되기도 한다.

정답 ②

Nota

Prueba 2

Gramática y expresiones

1 llevar + 기간 + (현재분사) + 장소 부사

¿Cuánto tiempo lleva saliendo con María?

"~한 지 (기간)이 되다"의 의미를 표현하는 구조이다. 하나의 문장 내에서 llevar가 인칭 변화된 동사로 사용되었기 때문에 빈칸에 들어갈 동사는 인칭 변화되지 않은 형태가 사용되어야 한다. 이 구문에서는 지속의 의미를 표현하는 동사의 형태로 현재분사가 사용되거나, 현재분사 없이 장소의 부사만으로 해당 의미를 표현할 수도 있다. 제시문에 사용된 'salir con ~'는 "~와 사귀다"를 의미한다.

예

Ellos llevan dos años (trabajando) en esta empresa.
(그들이 이 회사에 다닌 지 이 년이 된다.)

정답 ③

2 no es que + 접속법, sino que + 직설법

Me dijo que no era que le gustara limpiar, sino que quería ayudar a su mamá.

'Es que + 절'은 '이유'를 표현하는 구문으로, "사실은 ~이다"의 의미를 표현한다. 제시문에서 『no era que ~ , sino que ~』의 구조는 "~였기 때문이 아니라, 사실은 ~였기 때문이다"의 의미를 표현한다. 이때 실제 이유를 언급하는 절에서는 직설법 동사를 사용하고, 실제 이유가 아닌 내용을 언급하는 절에서는 접속법 동사를 사용한다. 즉, "청소하는 것을 좋아했다"는 것은 사실이 아니며, "엄마를 돕고 싶었다"는 것이 실제 이유에 해당한다. 빈칸에는 시제를 일치하여 접속법 과거형(gustara)이 사용된다.

정답 ①

3 선행사(종속절 동사의 주어 혹은 직접 목적어) + que + 절

Se incendió la casa que el abuelo había levantado con sus propias manos.

관계대명사 que자체는 의미를 갖고 있지 않으며 주절과 종속절을 연결하는 역할만을 한다. 종속절의 동사와 연결되는 선행사가 종속절 동사의 주어이거나 직접목적어로 기능하는 요소라면 관계대명사 que로만 연결하면 된다. 제시문에서 선행사 la casa는 종속절 동사 levantar의 직접목적어이다. (cf. El abuelo había levantado la casa con sus propias manos.) 따라서 관계대명사는 que가 사용된다. 선행사가 장소를 나타내는 명사라고 무조건 관계부사 donde를 사용하는 것은 아니라는 점에 주의하자.

예

Le he enviado el informe que acabas de terminar. → 선행사 el informe는 종속절 동사 terminar의 직접목적어
(그에게 네가 막 끝마친 보고서를 보냈어.)

La chavala que trabaja en esta cafetería es la amiga de mi colega. → 선행사 la chavala는 종속절 동사 trabajar의 주어
(이 카페에서 일하는 아가씨는 내 동료의 친구야.)

정답 ①

4 desde hace : 현재 기준
desde hacía : 과거 기준

Detuvieron a un ciudadano que conducía con el carné vencido desde hacía tres años.

'desde hace'는 "(기간) 전 부터"를 의미하는 표현으로 두 시점 사이의 기간 동안 행동이나 상황이 지속되고 있음을 나타낸다. 여기에 사용된 hace는 동사 hacer의 3인칭 단수형을 이용한 비인칭 형태이며, "일정 시간이 흘렀다"를 의미한다. 따라서 이 표현은 현재를 기준으로 그 이전의 일정 기간 전부터를 가리키는 경우 'desde hace'로 표현하고, 과거의 한 시점을 기준으로 그 이전의 일정 기간 전부터를 가리키는 경우에는 'desde hacía'를 사용한다. 제시문의 시점은 아래의 그림과 같이 나타낼 수 있다. 그 시민을 붙잡은(detuvieron) 과거 시점을 기준으로 삼 년 전부터 만료된 운전면허증을 갖고 운전을 하고 있었던(conducía) 것이므로 제시문에는 desde hacía가 사용되어야 한다.

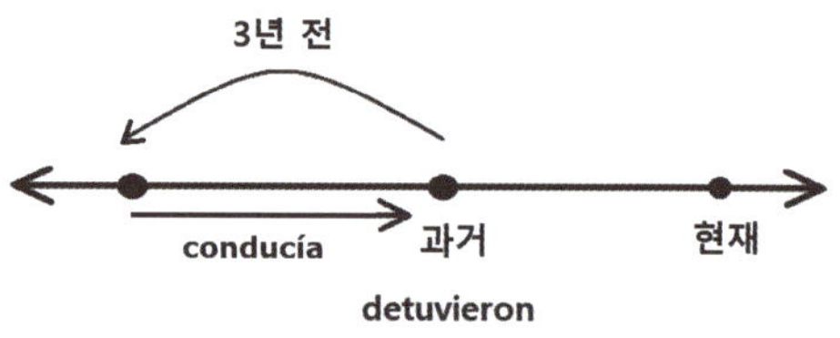

정답 ③

5 nada más + 동사원형

Nada más llegar al aeropuerto, llámame.

'nada más'는 동사원형과 함께 "~하자마자"라는 시간의 부사절의 의미를 표현한다. 동일한 의미로 절을 이끄는 접속사로는 tan pronto como, en cuanto, apenas 등이 있다.

예

Apenas salió de la sala, se lo preguntaron.
(그가 홀에서 나오자마자, 사람들이 그에게 그것을 질문했다.)

정답 ②

6 a la altura

Aunque no quiero reconocerlo, no estuve a la altura de las circunstancias.

'a la altura'는 "지점에, 위치에, 걸맞게" 등을 의미하는 표현이다. 제시문에 사용된 'no estar a la altura de las circunstancias'는 "자신에게 맡겨진 어떤 일이나 직무를 수행할 준비가 되어있지 않다"는 의미로 사용된다. 제시문 'no estuve a la altura de las circunstancias'에서는 벌어진 구체적인 일이나 사건을 circunstancias로 표현하고, 여기에서 자신이 해야 하는 역할, 임무를 제대로 수행하지 못했다는 것을 표현한다.

정답 ①

7 la mar de + 명사/형용사

Alicia está la mar de contenta con su labor.

'la mar de'는 "바다"를 의미하는 la mar에 전치사 de가 붙은 형태이지만 형용사 혹은 부사로서의 쓰임을 갖는다. 명사를 수식하는 형용사로 "많은"의 의미를 표현하거나 형용사를 수식하는 부사로 "매우"의 의미를 표현할 수 있다.

예

Se quedan la mar de tranquilos.
(그들은 매우 침착한 상태이다.)

Han dicho la mar de tonterías.
(그들은 별로 대수롭지 않은 많은 말들을 해 왔다.)

정답 ①

8 venir a por

Solo he venido a por algo de comer.

ir, venir, salir, bajar 등의 움직임의 동사 (verbos de movimiento) 에는 전치사를 두 개 연결하여 표현하는 구문이 사용될 수 있다. 전치사가 두 개 연결된 'a por'를 움직임의 동사에 연결하여 사용하면 "(어떤 물건을) 찾으러 (en busca de)"의 의미를 표현할 수 있다. 중남미에서는 이러한 사용보다는 전치사 por만을 사용하여 venir por algo와 같이 표현한다. 그러나 스페인에서는 이 두 표현이 모두 사용된다.

예

Volvió a por el móvil.
(핸드폰을 찾으러 다시 돌아왔다.)

Volvió por el móvil.
(핸드폰을 찾으러 다시 돌아왔다.)

정답 ③

Tip!

두 개의 전치사가 함께 사용되는 경우로는 de entre, de sobre, por debajo 등과 같은 예가 있다.

예

Rescataron a una persona de entre los escombros de un edificio.
(건물 잔해들 사이에서 한 사람을 구조했다.)

Quitaron los vasos de sobre la mesa.
(탁자에서 컵들을 치웠다.)

He pasado por debajo del puente.
(다리 아래쪽으로 지나갔다.)

9 **estar verde**

El acuerdo requiere un tiempo de maduración. Es que todavía está muy verde.

형용사 'verde'는 "초록색"을 의미하는 경우 ser동사와 함께 사용된다. 그러나 이 형용사가 estar동사와 함께 사용되는 경우 "(과일 등이) 아직 익지 않았다, (경험이 부족하여) 아직 미숙하다, (계획 등이) 완성되지 않았다"등의 의미를 표현할 수 있다. 제시문에서는 "합의가 이루어지기 위해서는 무르익을 시간이 필요하다"고 언급하여 형용사 verde로 "아직 이루어질 단계가 아니다"라는 의미를 표현하고 있다. 따라서 estar동사와 함께 사용되어야 한다. 'morado'는 "자주색"을 의미하는 어휘이며 이를 이용한 표현 'ponerse morado'는 "과식하다"의 의미를 갖는다.

정답 ②

10 **dar gato por liebre**

En el folleto decían que el Hotel estaba situado a 50m de la playa y realmente estaba a 2 km del mar. Nos dieron gato por liebre.

'dar gato por liebre'는 직역하면 "토끼 대신에 고양이를 주다"라는 의미로 "속이다"라는 의미를 표현한다. 물건을 구입하거나 식당에서 주문을 할 때, 주문한 것과 비슷한 물건이나 낮은 품질의 물건을 주는 경우 사용하는 표현이다. 제시문에서는 호텔을 소개한 팸플릿에는 해변에서 50미터 떨어져 있다고 했으나 실제로는 2킬로미터나 떨어져 있는 상황으로 광고에 속았다는 것을 표현하는 것이다. 'dar palos de ciego'는 직역하면 "시각 장애인의 몽둥이질"을 의미하는데, "어떤 것이 원하는 결과를 얻을 수 있을지 몰라 이것저것 시도해보다"는 의미를 표현한다. 'un ojo de la cara'는 costar 동사와 함께 사용되어 "(가격이) 매우 비싸다"를 의미한다.

정답 ②

Tip!

명사 'ojo(눈)'를 사용한 속담으로 다음과 같은 예들이 있다.

예

Ojos que no ven, corazón que no siente.
(눈에 보이지 않으면 마음에서 멀어진다.)

Más ven cuatro ojos que dos.
(백지장도 맞들면 낫다.)

Ojo por ojo, diente por diente.
(눈에는 눈, 이에는 이)

1 지각동사(ver, oír 등) + 목적어 + {동사원형/현재분사/과거분사}

María vio a Juan limpiar el coche.

ver, mirar, oír, escuchar와 같은 지각동사 구문의 구조는 목적어와 목적어의 술어로 "~가 ~하는 것을 보다/듣다"의 의미를 표현할 수 있다. 이때 목적어의 술어로는 동사원형, 현재분사, 과거분사 등이 사용될 수 있다. 제시문에서 limpiar el coche의 주어는 목적어인 Juan으로 "후안이 세차하는 것을 보았다"는 의미를 표현한다.

예

Le he oído decir eso.
(그가 그것을 말하는 것을 들었다.)

Los vi corriendo por la playa.
(그들이 해변을 달리고 있는 것을 보았다.)

Vio a su amigo sentado en un banco.
(그는 친구가 벤치에 앉아 있는 것을 보았다.)

정답 ②

2 decir(말하다) + que + 직설법
decir(명령하다) + que + 접속법

Nos olvidamos de decirle que tenemos preparadas las fotocopias.

제시문에서 que이하의 명사절을 이끄는 주절의 동사는 decir이다. decir동사는 "(내용을) 전달하다"의 의미를 표현하는 경우 목적어 기능의 명사절에 직설법 동사가 사용되며, "명령하다"의 의미를 표현하는 경우에는 목적어 기능의 명사절에 접속법 동사가 사용된다. 제시문에서는 "그에게 복사물이 준비되어 있다고 말하는 것을 잊었다"라는 의미로 decir가 "말하다"의 의미로 사용되었다. 따라서 종속절에는 직설법 동사가 사용되어야 한다.

예

Me han dicho que llegarán hoy.
(그들은 오늘 도착할 거라고 말했다.)

Dile que me envíe una invitación.
(나한테 초대장을 보내라고 그에게 말해.)

정답 ①

Tip!

동사 olvidar는 "~하는 것을 잊다"라는 의미를 표현하기 위해 『olvidar + 동사원형』의 구조로 사용될 수 있을 뿐만 아니라, 『olvidarse de + 동사원형』의 구조로도 사용될 수 있다. 또한 『olvidar + algo + 장소』는 "~을 (장소)에 두고 오다"의 의미를 표현한다.

예

Olvidé traer la lista de compras.
(구매 목록을 가져오는 것을 잊었다.)

Me olvidé de traer la lista de compras.
(구매 목록을 가져오는 것을 잊었다.)

Olvidé las llaves en el coche.
(열쇠를 차에 두고 왔다.)

3 estar seguro de que + 직설법

¿Por qué estabas tan seguro de que yo sabía la respuesta?

주절이 종속절에 대한 '확신'의 의미를 표현하는 경우 종속절에는 직설법 동사가 사용된다. 제시문은 "내가 답을 알고 있다는 사실을 확신하고 있다"는 내용에 대해 그 이유를 묻는 의문문이다. 따라서 제시문이 의문문으로 사용된 것은 종속절에 '불확신'과 같은 의미로 영향을 주는 경우가 아니라는 점에 주의하도록 하자.

정답 ②

4 관계대명사 el que/ la que

Su respuesta no fue precisamente la que yo esperaba.

제시문에는 ser동사의 보어 위치에서 "내가 기대했던 것"이라는 의미를 표현하기 위해 선행사를 포함하는 관계대명사가 사용되어야 한다. 이때 "내가 기대했던 것"은 "기대했던 답(respuesta)"을 가리키는 것으로 여성단수의 명사를 선행사로 내포해야 하며 그 선행사는 종속절 동사 esperaba의 직접목적어에 해당한다. 따라서 관계대명사 la que가 들어가야 한다. 선행사가 어떤 사실이나 개념을 가리키는 경우에는 중성관사를 사용한 lo que를 사용한다.

예

Eso es lo que quiero hacer ahora.
(그것이 내가 지금 하고 싶은 일이다.)

정답 ③

5 『목적어 + 동사 + 주어』로의 어순 변화

El periódico lo compraré antes de ir al trabajo.

제시문의 원래 어순은 『주어 + 동사 + 목적어』로 이루어진 'Compraré el periódico antes de ir al trabajo.'이다. 이 문장에서 직접목적어 (el periódico)를 강조하여 "바로 그 신문을 살 것이다"라는 의미를 전달하기 위해 직접목적어를 문두로 이동한 구문이다. 이러한 구문에서는 직접목적어나 간접목적어를 강조하기 위해 문두로 이동하는 경우 해당 목적어의 목적 대명사가 동반되어야 한다.

예

A Carlota le dio un ramo de flores.
(그는 바로 카를로타에게 꽃다발을 주었다.)

A Juan el documento se lo entregué.
(나는 바로 후안에게 그 서류를 전달했다.)

정답 ②

6 estar por las nubes

El costo de vida está por las nubes. Tengo problemas para llegar a fin de mes.

제시문에서 "생활비가 비싸서 월말까지 살기에 문제가 있다"는 의미를 표현하고 있다. 'estar por las nubes'는 "값이 매우 비싸다"는 의미를 표현한다. 반대로 "가격이 싸다"는 의미는 'estar por los suelos'라고 표현할 수 있다. 'estar en la luna'는 "한눈팔다, 정신이 다른 데 있다"는 의미를 표현한다.

정답 ②

7 al pelo

Este artículo me ha venido al pelo para introducir el tema.

'al pelo'는 "(때나 상황에) 딱 맞게, 적절하게, 원하는 대로"의 의미를 표현한다. 이를 이용한 제시문의 'venir al pelo'는 "안성맞춤이다, 적절하다"의 의미로 "내가 주제를 도입하는데 이 기사가 안성맞춤이었다"로 해석된다.

정답 ②

8 como/ sobre/ a eso de + 시각

Vino como a las dos de la tarde.

como, sobre, a eso de는 모두 "대략, ~때 즈음"을 의미하는 표현으로 대략적인 시간을 표현하기 위해 사용될 수 있다. 그러나 전치사(구) sobre나 a eso de는 이 자체로 "대략 ~시에"의 의미를 표현할 수 있기 때문에, "대략 두 시경에"는 sobre las dos, a eso de las dos로 표현한다. 반면, 부사인 como는 "대략"을 의미하여 'a las dos(두 시에)'의 전치사구 전체를 수식하여 como a las dos로 표현한다.

예

El accidente sucedió sobre las doce menos cuarto de la mañana.
El accidente sucedió a eso de las doce menos cuarto de la mañana.
(사고는 오전 11시 45분경에 일어났다.)

정답 ①

9 echar la bronca

No queremos que luego nos echen la bronca por haberlo incumplido.

'bronca'는 "싸움, 질책, 야단, 화냄"을 의미하는 어휘로 'echar la bronca'는 "심하게 야단치다, 질책하다"의 의미를 표현한다. 주절의 동사가 (no) querer로 '바람'을 의미하는 동사가 사용되었기 때문에 목적어 기능의 명사절에는 접속법 동사가 사용되어야 하며, querer가 긍정문일 때나 no querer로 부정문일 때 모두 접속법이 나타난다. 제시문은 "우리가 그 일을 완성하지 못했다고 나중에 우리를 야단치지 않기를 바란다"는 의미로 해석된다.

정답 ②

10 ¿A que sí?

A: Lo sabe mi mamá.
¿A que sí, mamá?
B: Sí, claro.

'¿A que sí?'라는 표현은 말하는 사람이 상대방이 자신의 의견에 동의할 거라고 확신하며 하는 표현으로 "(내 말이) 맞지요?, (내 의견에) 동의하지요?"라는 의미를 표현한다.

정답 ①

1 **se gusta a sí mismo**

La gente no está contenta consigo y no se gusta a sí misma.

제시문에서 gustar동사의 문법적 주어는 la gente이고 목적어는 a sí misma이다. 'no se gusta a sí misma'는 "자기 자신이 마음에 들지 않는다"는 의미를 표현하는 것으로 gustar동사의 앞에 사용되는 간접목적대명사는 3인칭의 "자기 자신에게"를 표현하는 재귀대명사 se가 사용되어야 한다. 제시문은 "사람들은 자신에게 만족하지 않고, 자기 자신을 좋아하지 않는다"로 해석된다.

예

Me gusto.
(나는 내가 마음에 든다.)

Ella se gusta a sí misma.
(그녀는 자신이 마음에 든다.)

정답 ③

Tip!

재귀대명사는 간접목적어의 의미(~사신에게) 뿐만 아니라 직접목적어의 의미(~자신을)를 모두 표현할 수 있다.

예

Me lavo las manos.
(손을 씻다: me는 간접목적어의 의미를 표현한다.)

Se llama José.
(그의 이름은 호세이다: se는 직접목적어의 의미를 표현한다.)

2 이유, 조건의 접속사 como

Como no conocíamos a nadie, no nos quedamos mucho tiempo en la fiesta.

como가 부사절을 이끄는 접속사로 사용될 때, "~이기 때문에"로 해석되는 '이유'의 부사절을 표현할 수 있을 뿐만 아니라 "~이라면"의 의미를 갖는 '조건'의 부사절을 이끌 수도 있다. 따라서 문장의 의미를 통해 como가 이끄는 부사절의 종류를 파악해야 한다. 이때 '이유'의 부사절인 경우 como가 이끄는 절에는 직설법 동사가 사용되지만, '조건'의 부사절인 경우에는 아직 이루어지지 않은 미래에 대한 조건을 표현하는 것이므로 접속법이 사용된다. 제시문은 "우리는 아무도 알지 못했기 때문에, 파티에 오랜 시간 머무르지 않았다"로 해석되어, 이유를 나타내고 있기 때문에 직설법 동사가 사용된다.

예

Como hacía mucho calor, nos fuimos a la playa.
(날씨가 매우 더웠기 때문에 우리는 해변으로 갔다.)

Como lleguemos tarde, no nos van a abrir la puerta.
(우리가 늦게 도착하면 문을 열어주지 않을 것이다.)

정답 ①

3 suponer que + 직설법

Supongo que habrás venido aquí para darme la respuesta de tu jefe.

suponer동사는 "생각하다, 추측하다, 추정하다"의 의미를 표현하는 동사로 이 동사가 이끄는 종속절에는 직설법 동사가 사용된다. 이 동사가 갖는 "추측하다, 추정하다"라는 의미는 "나타난 단서들을 통해 생각하다"는 의미를 나타내는 것으로 불확신과는 관계가 없는 구문임을 주의하자.

정답 ③

Tip!

직설법 단순미래는 현재 상황의 가능성이나 추측의 의미를 표현할 수 있으며, 직설법 미래완료는 가까운 과거, 즉 현재완료에 대한 가능성이나 추측의 의미를 표현할 수 있다.

예

A: Marta no me coge el teléfono.
(마르타가 내 전화를 안 받아.)
B: Estará enfadada contigo.
(아마 너한테 화가 나 있나봐.)

A: Jorge no está en su despacho.
(호르헤가 사무실에 없네요.)
B: Habrá ido a ver a su jefe.
(아마 상사를 만나러 갔을 거예요.)

4 permitir + a alguien + 동사원형

Los alumnos han cometido muchos errores en la redacción. Ellos me los permiten corregir.

permitir동사는 "허락하다"라는 의미를 갖는 동사로 『permitir + a alguien + 동사원형』의 구조를 통해 "~에게 ~할 것을 허락하다"의 의미를 표현한다. 이때 a alguien은 permitir동사의 간접목적어이고 동사원형의 의미상 주어에 해당한다. 그리고 동사원형이 타동사로서 목적어를 취한다면 동사원형에 목적대명사를 붙여 사용할 것이다. 따라서 제시문은 me permiten corregirlos로 표현할 수 있다. 더불어, permitir동사는 동사원형과 함께 동사구를 이루어 동사원형의 목적대명사가 인칭 변화한 permitir동사의 앞으로 이동할 수 있다. 결과적으로 permitir의 간접목적대명사 me와 corregir의 직접목적대명사 los가 함께 permitir의 앞에 나타날 수 있다는 것으로 'me los permiten corregir'가 가능한 것이다. 이와 같이 동사원형의 목적대명사 이동이 가능한 경우는 hacer, permitir, dejar, prohibir 등과 같은 동사들이 동사원형을 선택하는 경우이다.

예

Me lo dejan hacer.
(내가 그것을 하는 것을 허락한다.)

Tu mamá te lo prohíbe comer.
(너의 엄마는 네가 그것을 먹는 것을 금지하신다.)

정답 ③

5 부사로 기능하는 medio

El portero tocó el timbre de la puerta de Julia y ella lo atendió, aún medio dormida.

'medio'는 명사뿐만 아니라 형용사, 부사로서의 쓰임도 갖고 있어 그 형태에 주의해야 한다. 형용사인 경우는 "절반의, 중간의"의 의미를 나타내며 이 경우 수식하는 명사에 따라 성, 수의 일치를 한다. 명사인 경우는 "중간, 수단, 2분의 1"등의 의미를 갖는다. 제시문에서는 형용사 dormida를 수식하기 때문에 부사로 사용된 것이다. medio가 부사로 사용되면 "반쯤, 완전하지 않게"등의 의미를 표현하며 그 형태에는 변화가 없다. 제시문에서는 "반쯤 잠든 채로"의 의미를 표현하는 부사로 성, 수 일치되지 않은 medio가 답이다.

정답 ②

6 ir de pie

Tuve que ir de pie en el autobús porque no había ningún asiento libre.

'a pie'는 "걸어서, 도보로"를 의미하며, 'de pie'는 "서서"를 의미한다. 'por pies'는 "뛰어서"를 나타내는 표현이다. 제시문에서는 "버스 안에 빈자리가 없어서 서서 가야만 했다"는 의미를 표현해야 하므로 'ir de pie'가 답이다.

예

Cuando llegaron los policías, habían salido por pies del lugar.
(경찰관들이 도착했을 때, 그들은 뛰어서 이미 그 장소를 빠져 나갔다.)

Se fueron a pie hasta la escuela.
(그들은 학교까지 걸어서 갔다.)

정답 ②

7 ir al grano

Será mejor que vayas al grano. No tengo mucho tiempo para hablar contigo.

'grano'는 "씨앗, 낟알"을 의미하는 명사로, 'ir al grano'는 이야기를 할 때 "본론으로 바로 가다, 빙빙 돌리지 않고 요점을 이야기하다"를 의미한다. 제시문은 『será mejor que + 접속법』의 구조로 주어 기능의 명사절에 동사 ir는 접속법(vayas)으로 사용된 것이다. 그리고 동사 ser의 직설법 미래형은 현재 상황에서의 추측 표현으로 "본론으로 바로 들어가는 것이 좋을 것 같아"라는 의미를 표현한다.

정답 ①

8 음식 명사 + saber + (a ~)

La tortilla de patata me ha sabido riquísima.

동사 saber는 "알다"라는 의미 외에도 "맛이 나다"라는 의미를 표현한다. 제시문은 음식 이름이 주어로 사용되고 주어의 술어로 형용사 riquísima가 사용된 구문으로 주어 술어는 주어의 성과 수에 일치한다. 제시문은 "나는 감자 토르티야가 무척 맛있었다"로 해석된다. 또한 saber 동사와 함께 전치사 a를 사용하여 "~ 맛이 나다"라는 의미를 표현할 수도 있다.

예

Este helado sabe a fresa.
(이 아이스크림은 딸기 맛이 난다.)

정답 ②

9 pagar a escote

A condición de que pagáramos todos a escote, nos fuimos a comer. A mí también me gustaba que cada uno pagara lo suyo.

'pagar a escote'는 "비용을 각자 부담하다"라는 의미를 표현한다. 공동의 비용에 대해 누가 무엇을 주문하든 자신이 소비한 것만을 내는 것을 pagar a escote로 표현한다. 그리고 'pagar a medias'라는 표현은 공동의 비용에 대해 n분의 1로 계산한다는 의미로 많이 사용된다. 엄밀하게 말하면, pagar a medias는 두 명이 서로 반씩 지불할 때 사용하는 표현이지만, 두 명 이상일 때도 각자 부담한다는 의미로 사용될 수 있다.

정답 ①

10 fuerte como un roble

Mi abuelo está fuerte como un roble a pesar de tener más de noventa años.

'roble'는 "떡갈나무"를 의미하며, 'fuerte como un roble'는 "정정하다, 당당하다"라는 의미를 표현한다. 'ostra'는 "굴, 석화"를 의미하며, 동사 aburrirse와 함께 'aburrirse como una ostra'라는 표현은 "몹시 지루하다"의 의미를 표현한다. 'cabra'는 "염소"를 의미하며, 동사 estar와 함께 'estar como una cabra'는 "미쳤다, 정신이 나갔다"를 의미하는 표현이다.

정답 ①

Nota

1 advertir que + 직설법/접속법

Te advierto que yo no voy a entrar en vuestro juego.

동사 'advertir'는 "충고하다, 경고하다"는 의미뿐만 아니라, "알리다, 주의를 집중하다"의 의미도 갖는 동사이다. "(~에게 ~할 것을) 충고하다, 경고하다"의 의미로 종속절에 '영향'을 주는 경우에는 종속절에 접속법 동사가 사용되지만, "알리다, 주의를 기울이다"의 의미를 표현하는 경우에는 종속절에 직설법이 사용된다. 제시문에서는 "너희들의 게임에 내가 가담하지 않을 것이라는 것을 너에게 알린다"는 의미를 표현하므로 종속절에 직설법 동사가 사용된다.

정답 ①

2 형용사의 위치

Atraparon infraganti a un presunto delincuente cuando intentaba robar un cuadro.

제시문에서는 명사 delincuente(범죄자)와 사용될 수 있는 형용사를 찾아야 한다. 의미적으로는 presunto(용의의), económico(경제의), internacional(국제적인)이 모두 delincuente와 사용될 수 있다. 그러나 제시문에서 주의할 점은 명사의 앞에 위치할 수 있는 형용사를 찾는 것이다. 스페인어의 일반적인 품질형용사는 명사의 뒤에 사용되지만, 명사의 앞에서만 사용될 수 있는 형용사와 명사의 뒤에서만 사용될 수 있는 형용사도 존재한다. presunto와 같은 형용사는 명사의 앞에서만 사용될 수 있는 형용사이며, económico, internacional은 명사의 뒤에서만 사용될 수 있다. presunto는 명사를 수식하는 단순한 품질형용사가 아니라 의미적으로 부사적인 역할을 하는 소위 '부사적 형용사'이다. 다시 말해 '잠정적으로 범죄자이다'라는 의미를 표현하여 부사적 의미를 표현한다. 이와 같이 부사적 의미를 갖는 형용사는 명사의 앞에 위치한다. 제시문에 사용된 'infraganti'는 'in fraganti'로도 사용할 수 있으며 "범행을 저지르는 순간에"를 의미하는 라틴어에서 온 표현으로 "현행범으로"를 의미하는 부사이다.

정답 ①

Tip!

형용사 económico, internacional 등은 소위 '관계형용사(adjetivos relacionales)'로 불리는 형용사로 명사의 뒤에서 명사에 대한 부가적 설명을 한다. 다시 말해, económico는 "경제와 관련된", internacional은 "국제적으로 활동하는"과 같은 의미를 표현하는 형용사로 명사의 뒤에서만 사용될 수 있다.

예

El país ha tenido un desarrollo económico muy importante en los últimos años.
(그 나라는 최근 매우 중요한 경제적 발전을 이루었다.)

Las empresas han tenido éxito en el comercio internacional.
(그 회사들은 국제 무역에서 성공을 거두었다.)

3 con que + 접속법

Con que me prometas que vendrás me lo creo.

con que는 '조건'의 부사절을 표현하는 접속사로 사용될 수 있으며, 이 경우 en caso de que, con tal de que 등의 접속사와 동일하게 사용된다. 따라서 현재를 기준으로 미래에 일어날 일을 가정하는 경우 동사의 접속법 현재형이 사용된다.

정답 ①

4 ¡Quién + 접속법 과거(완료)!

Cada día te encuentro más guapa, hija. ¡Ay, quién tuviera tu edad!

『¡Quién + 접속법 과거(완료) 3인칭 단수!』의 구조는 자신의 바람, 기원을 표현하는 구문으로 그 내용이 이루어질 가능성이 희박한 일을 기원할 때 사용한다. 접속법 과거가 사용되어 현재나 미래의 일에 대한 바람을 표현하고, 접속법 과거완료는 과거에 이루지 못한 일에 대한 아쉬움을 표현한다.

예

¡Quién pudiera tener 20 años!
(내가 스무 살이면 얼마나 좋을까!)

¡Quién hubiera podido estudiar más!
(공부를 좀 더 할 수 있었더라면 좋았을텐데!)

정답 ③

5 Yo en tu/su caso + 가정미래(완료)

Yo en tu caso no me esforzaría tanto.

'yo en tu/su caso'는 "내가 너의(당신의) 입장이(었더)라면"의 의미를 나타내는 표현으로 'yo en tu/su lugar', 'yo que tú/Ud.' 등도 동일한 의미를 표현한다. 이 표현은 조건절의 의미를 담고 있는 것으로 Si 조건절을 사용하여 표현하면, 'Si yo {fuera/hubiera sido} tú/Ud.', 'Si yo {estuviera/hubiera estado} en tu/su {lugar/caso}'와 같이 표현할 수 있다. 따라서 이 표현을 뒤따르는 문장은 귀결절에 해당하므로 동사는 현재 상황에서의 아쉬움을 표현하기 위해서는 가정미래의 동사로 "~할 텐데"의 의미를 표현하고, 과거 상황에서의 아쉬움을 표현하기 위해서는 가정미래완료의 동사를 사용하여 "~했었을 텐데"의 의미를 표현한다.

예

Yo en su lugar no me habría esforzado tanto.
(내가 그의 입장이었더라면 나는 그렇게 노력하지 않았을텐데.)

정답 ③

6 no entender ni jota

Estoy viendo una película española. Pero es que no entiendo ni jota.

'no entender ni jota'는 "아무 것도 이해하지 못하다"를 의미하는 표현이다. 'ni jota'는 부정문에서 'nada'를 의미하는 것으로, no saber ni jota, no comprender ni jota, no decir ni jota 등과 같은 표현도 사용된다.

정답 ③

7 ser uña y carne

Ellos se han amado tanto. Siempre han sido inseparables. Han sido uña y carne.

'ser uña y carne'는 직역하면 "손톱과 살이다"로 해석되며, 이러한 의미로부터 이 표현은 "서로 분리할 수 없는 관계이다, 매우 친한 사이이다"라는 의미를 나타낸다.

정답 ①

8 sacar de quicio

Es que me saca de quicio que sea tan casero.

'sacar de quicio'는 "화나게 만들다"를 의미하는 표현이다. me는 간접목적대명사이며 que가 이끄는 절이 문법적 주어로 사용된 것이다. sacar de quicio는 감정을 표현하는 동사로 que이하의 주어 기능 명사절에는 접속법 동사(sea)가 사용된다.

정답 ②

9 dar calabazas

Le pregunté a la chica si quería ir conmigo a la fiesta... y me dio calabazas.

calabaza는 "호박"을 의미하며, 'dar calabazas a alguien'은 "(이성을) 차다, 퇴짜를 놓다"를 의미하는 표현이다. 제시문은 "나는 그녀에게 파티에 함께 갈지를 물었지만, 그녀는 나에게 퇴짜를 놓았다"로 해석된다.

정답 ③

10 saludar a alguien de mi parte

A: He quedado con Carmen.
B: Ah, salúdala de mi parte.

제시문은 A의 "나 카르멘과 만나기로 했어"라는 말에 B가 "아, 그녀에게 내 인사를 전해줘"라고 대답하는 대화이다. 'de mi parte'는 "내 편으로부터"로 해석되며, 나의 인사를 전해달라는 표현이다. 유사한 표현인 'dar recuerdos a alguien'은 "안부를 전하다"를 의미하며, 'Dale recuerdos de mi parte'는 "그에게 내 안부를 전해줘"라는 의미이다.

정답 ②

1 Con lo + 형용사/부사 + que + 직설법 동사 + y + 절

¡Con lo estudioso que es y lo han suspendido!

『con lo + 형용사 + que + 절』의 구조는 '이유' 혹은 '양보'의 부사절을 이룰 수 있다. '양보'의 부사절의 경우, 부사절과 주절이 서로 대립되는 내용을 제시할 때 제시문과 같이 y로 두 절이 연결되기도 한다. 제시문은 "비록 그는 열심히 공부를 하지만 낙제했다"의 의미로 해석된다.

예

Con lo inteligente que es no los soluciona.
(똑똑하지만 그것을 해결하지 못한다.)

Con lo guapo que es y nadie quiere salir con él.
(잘 생겼지만 아무도 그와 사귀고 싶어 하지 않는다.)

정답 ①

2 Si + 접속법 과거완료, 가정미래

Si hubiéramos cuidado la tierra, ahora no tendríamos tantos problemas ecológicos.

Si 가정문을 표현할 때, 과거 사실의 반대되는 가정과 과거 상황에서 이루지 못했던 일에 대한 아쉬움을 표현하는 경우에는 『Si + 접속법 과거완료, 가정미래완료』의 구조를 사용한다. 그리고 현재 사실에 반대되는 가정과 현재 상황에서 이루지 못하는 일에 대한 아쉬움은 『Si + 접속법 과거, 가정미래』의 구조로 표현한다. 그러나 제시문은 Si 조건절에서 과거 사실의 반대되는 가정을 표현하고, 귀결절에서 현재 상황에서 이루지 못하는 일에 대한 아쉬움을 표현하는 구문이라는 점에 주의하자. 제시문은 "우리가 과거에 지구를 돌보았었더라면, 지금 이렇게 많은 환경 문제를 겪지는 않을 텐데"로 해석된다. 따라서 Si 조건절에서는 접속법 과거완료형을 사용하고, 귀결절에서는 동사의 가정미래형을 사용한다.

예

Si hubiera sabido que ella estaba en un apuro, la habría ayudado.
(그녀가 곤경에 처해있는 것을 알았었더라면, 그녀를 도와주었을 텐데.)

정답 ②

3 de ahí que + 접속법

No ganan bastante dinero, de ahí que vivan con los padres.

de ahí que는 '결과'의 부사절을 이끄는 접속사로 "그래서"로 해석된다. 일반적인 결과의 부사절을 이끄는 접속사, 예를 들어 así que, de manera que, tanto que 등이 이끄는 결과절에는 직설법 동사가 사용된다. 그러나 de ahí que가 이끄는 결과절에는 접속법 동사가 사용된다. 이는 결과절의 내용이 담화상에서 이미 대화자들이 알고 있는 정보인 경우 접속법이 사용되기 때문이다. 접속사 de ahí que는 주로 이미 알려져 있는 정보를 표현하기 위해 사용되기 때문에 접속법 동사와 함께 사용되는 것이며, 제시문에서 "그들이 부모와 함께 살고 있다"는 내용은 이미 대화자 사이에 알고 있는 정보이다. 제시문은 "그들이 충분한 돈을 벌지 못해서 부모님과 함께 사는 거야"로 해석된다.

정답 ②

4 hasta que + 직설법/접속법

Nos pidieron que no tocáramos nada hasta que viniera la policía.

제시문에는 '시간'의 부사절을 이끄는 접속사 hasta que(~할 때 까지)가 사용되었다. '시간'의 부사절에서는 이미 벌어진 일이면 직설법 동사가 사용되고, 아직 벌어지지 않은 미래의 일이면 접속법 동사를 사용한다. 제시문은 "경찰이 올 때까지 아무것도 손대지 말라고 우리에게 요청했다"는 해석이 이루어진다. 주절에는 과거시제의 동사(pidieron)가 사용되었지만 시간의 부사절 내의 사건(venir la policía)은 pidieron의 시점을 기준으로 아직 벌어지지 않은 일이다. 따라서 과거로부터 미래에 벌어질 일을 가리키기 위해 접속법 과거가 사용되어야 한다. 접속법 동사는 동사의 미래형이 따로 존재하지 않으며 접속법 현재가 현재를 기준으로 미래를 나타낼 수 있으며, 접속법 과거는 과거를 기준으로 미래를 나타낸다.

정답 ③

5 así de + 형용사

Me alegra mucho verte así de feliz.

'así de'는 형용사나 부사를 수식하는 부사로 "그렇게"의 의미를 표현한다. muy는 형용사 feliz 앞에 전치사 없이 muy feliz로 사용되어야 하고, tanto는 형용사 앞에서 -to가 탈락된 tan feliz로 사용되어야 한다.

예

No creo que eso sea así de simple.
(나는 그것이 그렇게 단순하다고 생각하지 않는다.)

Me alegro mucho que se lleven así de bien.
(그들이 그렇게 잘 지내서 무척 기쁘다.)

정답 ①

6 ¿Y eso?

A: Oye, Rodrigo se ha ido del trabajo.
B: ¿Y eso?

'¿Y eso?'는 이유를 묻는 질문으로 놀라움의 뉘앙스를 담아 "(어머) 왜?"를 의미한다. 일반적으로 상대방이 전하는 정보에 놀라움을 갖게 되어 정보에 대해 설명을 요구할 때 사용하는 표현이다. 제시문은 A가 "로드리고가 직장을 그만 두었어"라고 말하자 B는 놀라움을 담아 "어머 왜?"라고 묻는 상황이다.

정답 ②

7 hacer buenas migas

Han hecho buenas migas con sus vecinos. No creo que ellos tengan problemas.

'hacer buenas migas'는 "잘 지내다"를 의미하는 표현으로 'llevarse bien'과 같은 의미를 표현한다. 반면, 'hacer malas migas'는 "잘 못 지내다"를 의미한다.

정답 ②

8 ponerse como un flan

Siempre se pone como un flan cuando tiene un examen.

'ponerse como un flan'은 "긴장하다, 불안해하다"의 의미를 표현한다. 'flan'은 "푸딩"을 의미하며, 푸딩의 흔들리는 모습에서 긴장하여 떨리는 상태를 의미하게 되었다.

정답 ①

9 no faltaría más

A: ¿Puedo entrar en el despacho?
B: Claro, no faltaría más.

'no faltaría más'는 요구받은 일에 대해 이를 수행할 준비가 되어 있다는 것을 표현하여 "물론이다"라는 의미를 나타낸다. 제시문에서는 B가 "사무실에 들어와도 좋다"고 답하는 상황이다.

정답 ③

10 estar hasta las narices

Estoy hasta las narices del ordenador y de trabajar.

'estar hasta las narices'는 "지겹다, 지긋지긋하다"의 의미를 표현하며, estar harto와 유사한 의미이다. 신체부위인 nariz(코)를 사용한 다양한 표현이 존재한다. 예를 들어, 'meter las narices'는 "개입하다, 간섭하다"의 의미를 표현하고, 'tocarle a alguien las narices'는 "(~를) 귀찮게 하다, 화나게 하다"라는 의미를 표현한다.

정답 ③

1 (Si + 접속법과거완료), 가정미래완료

Yo te habría prestado mi coche, pero no sabía que tenías el tuyo averiado.

『Si + 접속법과거완료, 가정미래완료』의 구조는 과거 사실에 반대되는 가정으로 과거에 이루지 못한 일에 대한 아쉬움을 표현하는 가정문이다. 제시문에서는 Si 조건절이 나타나지 않고, 귀결절이 먼저 언급된 다음에 pero로 이어지는 문장에서 실제 과거에 벌어진 일을 언급하고 있는 구조이다. 제시문은 "내가 (알았었더라면) 내 자동차를 너에게 빌려줬었을 텐데... 그렇지만 나는 네 차가 고장난 것을 몰랐어"로 해석된다. 실제 일이 이루어진 것은 과거시제(sabía)이기 때문에, 과거 사실에 대한 아쉬움을 표현하기 위해 빈칸에는 가정미래완료 동사가 들어가야 한다.

예

Te acompañaría, pero no tengo tiempo.
(너와 같이 갈 텐데... 하지만 시간이 없어.)

Habría ido a la playa, pero hacía mucho frío.
(해변에 갔었을 텐데... 하지만 날씨가 너무 추웠어.)

정답 ③

2 no sea que + 접속법 동사

Quiero llegar con tiempo, no sea que encuentre la función empezada.

제시문은 "공연이 시작하기 전에 미리 도착하고 싶다"는 내용을 표현한다. "~하지 않도록", "혹시나 ~할까봐"를 의미하는 접속사 'no sea que'는 항상 접속법 동사와 함께 사용된다. 유사한 의미를 표현하는 'por si(만일 ~하는 경우를 대비하여)'의 경우는 직설법 동사로 일어날 수 있는 일을 표현하고, 일어날 가능성이 없는 일인 경우 접속법 과거형이 사용된다. '이유'의 부사절을 이끄는 접속사 'ya que', '시간'의 부사절을 이끄는 접속사 'mientras tanto'는 항상 직설법과 사용된다.

예

Voy a llevar el paraguas, no sea que llueva.
(혹시나 비가 올까봐 우산을 가져갈 것이다.)

Voy a llevar el paraguas por si (acaso) llueve/lloviera.
(만일 비가 올 경우를 대비해 우산을 가져갈 것이다.)

정답 ②

3 No comentes que + 직설법 동사

No comentes que es fácil.

주절의 동사로 no decir, no comentar, no comunicar 등과 같은 발화의 동사가 평서문에서 부정문의 형태로 사용되는 경우, 그 동사가 선택하는 목적절의 내용이 일어나지 않은 일을 가리키는 경우에는 접속법 동사가 사용된다. 그러나 제시문과 같이 이러한 동사가 명령문으로 표현되는 경우에는 이 동사의 목적절에는 항상 직설법 동사가 사용된다. 이는 "(~을) 말하지 말아라"라는 부정명령이 종속절의 내용에 영향을 주지 않기 때문이다. 즉, 종속절의 내용이 벌어지지 않은 일이라거나 모르는 사실이라는 의미를 표현하는 것이 아니라는 의미이다.

예

No me digas que te vas en seguida.
(바로 간다고 말하지 마.)

¡No me digas que está lloviendo!
(비가 오고 있는 건 아니지!)

정답 ①

Tip!

만약, 주절의 동사가 부정명령으로 사용되어 종속절에 영향을 주는 명령의 의미를 표현하는 경우에는 종속절에 접속법 동사가 사용될 수 있다는 점에 유의하자. 예를 들어, no permitas(~을 허락하지 마라), no prohíbas(~을 금지하지 마라)와 같은 동사가 선택하는 que 이하의 절에는 접속법 동사가 사용된다.

예

No permitas que los niños jueguen en la calle.
(아이들이 길에서 노는 것을 허락하지 마라.)

No prohíbas que lo visiten.
(그들이 그를 방문하는 것을 금지하지 마라.)

4 como si + 접속법 과거(완료)

Lo recuerdo como si hubiera ocurrido ayer.

'como si ~'구문은 "마치 ~인 것처럼"이라는 의미를 표현하여 실제 벌어지지 않은 일을 나타낸다. 이 구문은 동사의 접속법 과거 시제나 접속법 과거완료 시제와 함께 사용될 수 있다. 접속법 과거형은 주절의 동사가 나타내는 시간과 동시간대에(simultáneo) 이루어지는 일을 표현하는 경우 사용되며, 접속법 과거완료형은 주절의 동사가 나타내는 시간보다 앞서(anterior) 이루어진 일을 표현한다. 따라서 제시문은 주절동사(recuerdo)보다 앞선 어제 벌어진 일을 가리키기 때문에 접속법 과거완료형이 사용된다.

예

Habló como si me conociera.
(마치 나를 알고 있는 것처럼 이야기했다.)

Se comportó como si no hubiera pasado nada.
(마치 아무 일도 벌어지지 않았던 것처럼 행동했다.)

정답 ③

5 lo + 형용사/부사 + que + 절

No sabes lo bien que me lo he pasado en el campo.

『lo + 형용사/부사 + que + 절』의 구조는 중성관사 lo와 함께 사용되는 형용사/부사의 정도를 강조하여 표현하는 구문으로 『¡Qué + 형용사/부사 + 동사 + 주어!』의 감탄문과 유사한 의미를 표현한다. que가 이끄는 절 내에 사용되었던 형용사나 부사를 강조하여 표현하는 구문으로 bien은 동사 me lo he pasado와 연결하여 'me lo he pasado bien'으로 이해하면 된다. 제시문은 "내가 시골에서 얼마나 잘 지냈는지 너는 모를 거야"로 해석된다. 제시문에 사용된 동사 pasárselo의 lo는 관용적으로 동사 pasar에 붙여 사용되는 것으로 보낸(pasarse) 시간을 가리키는 것이다.

예

Sabes lo importante que es esto para mí.
(이것이 내게 얼마나 중요한지 너는 알고 있다.)

정답 ②

6 Una vez + 과거분사, 절

Una vez llegado a este punto el relato, pensé que debía concluirlo.

제시문은 현재분사나 과거분사로 이루어지는 절대구문으로, 주절의 의미에 따라 절대구문은 다양한 부사절의 의미로 해석될 수 있다. 제시문은 "일단 이야기가 이 지점에 다다랐을 때, 나는 이야기를 끝내야 한다고 생각했다"로 해석된다. 절대구문에 사용된 una vez는 과거분사와 함께 "일단 ~하고 나서"의 의미를 표현하여 완료성을 나타낸다. 일반적으로 과거분사구문에서는 동사의 직접목적어가 과거분사의 주어로 기능하기 때문에 과거분사는 타동사이다. 그러나 제시문에서 주의할 점은 동사 llegar의 경우는 표면적으로는 자동사이지만, 자신의 문법적 주어가 의미적으로는 직접목적어의 의미를 갖는 소위 비대격동사(verbo inacusativo)에 해당된다. 이러한 비대격동사는 과거분사로 절대구문을 형성할 수 있다. 이러한 비대격동사로는 aparecer, morir, nacer 등이 있다.

예

Vendida la casa, nos marchamos del pueblo natal.
(집이 팔리자, 우리는 고향을 떠났다.)

Muerto su perro, se sentía triste.
(그의 개가 죽었기 때문에, 그는 슬퍼 했다.)

정답 ②

7 hacer borrón y cuenta nueva

Vamos a enterrar el pasado y a hacer borrón y cuenta nueva para el futuro.

'borrón'의 원래 의미는 "종이 위에 떨어진 잉크 자국"을 가리키는 것이었다. 이후 볼펜 등으로 필기도구가 바뀌면서 쓴 것을 펜으로 지우면서 만들어진 "초고"를 의미하게 되었다. 이런 의미에서 'hacer borrón y cuenta nueva'는 "지나간 실수, 누군가에 대한 분노 등을 잊고 새롭게 시작하다"라는 의미의 표현으로 새롭게 시작하고자 하는 결심을 표현하기 위해 사용된다. 제시문은 "과거는 묻고 미래를 위해 새롭게 시작하자"는 의미로 해석된다.

정답 ①

8 ser todo oídos

A: Me habría gustado hablar contigo.
B: Yo te escucho. Soy todo oídos.

'oído'는 "청각"을 의미하는 어휘이며, 'ser todo oídos'는 "관심을 기울여 듣고 있다"는 의미를 표현한다. 제시문은 "너하고 이야기를 하고 싶었어"라는 상대의 말에 "듣고 있어. 귀 기울여 듣고 있어"라고 답하는 상황이다.

정답 ②

9 a mis/tus/sus anchas

Me gusta descansar en casa porque me siento a mis anchas.

'a mis/tus/sus anchas'는 "완전히 자유롭게"를 의미하는 표현이다. 주로 estar, quedarse, sentirse 등의 동사와 함께 사용된다. 제시문은 sentirse동사가 1인칭 단수형으로 사용된 문장으로 a mis anchas와 함께 "자유롭다"라는 의미를 표현한다. 선택지의 'de piedra'는 "놀란"을 의미하는 표현이며, 'como un roble'는 "당당한, 정정한"의 의미를 갖는 표현이다.

예

Puedes moverte a tus anchas.
(너는 자유롭게 움직일 수 있어.)

En su cuarto, se siente a sus anchas aunque el espacio es un poco estrecho.
(그의 방의 공간은 좀 좁지만, 그는 자기 방에서 완전히 자유롭다.)

정답 ②

10 Si + 접속법 과거완료, 가정미래완료/접속법과거완료

Si no se lo hubiéramos preguntado a ellos, no nos hubieran dicho nada.

『Si + 접속법과거완료, 가정미래완료』는 과거 사실의 반대되는 가정으로 과거 상황에 대한 아쉬움을 표현하는 조건문의 구조이다. 귀결절에 사용하는 동사의 가정미래완료형(habría + 과거분사)은 접속법 과거완료형(hubiera + 과거분사)으로 사용할 수도 있다. 이때 사용되는 접속법 과거완료형은 직설법의 용법으로 사용되는 것이다. 이는 접속법 과거 -ra형이 직설법 과거시제로 사용되었던 기원에 기인한다. 다시 말해,접속법 과거 -se형은 항상 접속법 동사가 사용되는 위치에만 나타날 수 있는 반면, 접속법 과거 -ra형은 직설법 동사가 사용되는 위치에도 나타날 수 있다. 따라서 조건문의 귀결절에는 habrían dicho 대신에 -ra형의 접속법 과거완료형 hubieran dicho가 사용될 수 있다.

정답 ②

Nota

1 lo soy/lo estoy/lo parezco

Mi hermana está enferma. Pero no lo parece.

제시문은 "내 여동생은 지금 아파. 하지만 그렇게 보이지는 않아"로 해석된다. 빈칸에는 앞 문장의 동사 estar의 보어, 즉 주어의 술어인 enferma를 대신하는 요소가 들어가야 한다. 술어, 앞 문장 전체의 내용 혹은 개념 등을 대신 받는 것은 중성대명사 lo이다. 계사(verbo copulativo)인 ser, estar와 계사와 유사한 동사로 보는 parecer 동사의 보어로 사용된 명사나 형용사를 lo로 받는다.

예

Tú eres médico, pero no lo pareces.
(너는 의사인데, 그렇게 보이지는 않아.)

정답 ③

2 주어 + andar + 주어술어

Su mamá la ha regañado siempre por andar descalza.

제시문은 "그녀의 엄마는 그녀가 맨발로 돌아다닌다고 항상 야단을 치셨다"로 해석된다. 여기에서 동사 andar의 주어는 la로 표현된 '그녀'이다. 따라서 andar와 함께 사용된 주어술어인 형용사 descalzo(맨발의)는 주어의 성과 수에 일치해야 한다. 주어술어나 목적어술어로 사용된 형용사는 문장 내에서 자신의 주어와 성과 수를 일치해야 한다.

예

Juan llegó cansado a casa.
(후안은 집에 피곤한 상태로 도착했다.)

Tengo escrita una carta en español.
(편지를 스페인어로 한 통 써 놓았다.)

정답 ①

3 lo que vs. lo cual

Le preguntaré si lo que me dijiste es mentira.

선행사를 포함하는 관계대명사 lo que와 lo cual의 차이점은 lo cual은 선행사가 없이 독립적으로 사용될 수 없다는 점이다. 제시문은 "네가 나에게 말했었던 것은 거짓말이다"라는 의미를 표현하며, 관계절 lo que me dijiste는 ser 동사의 주어로서 관계사는 선행사 없이 단독으로 문장을 이끌고 있다. 따라서 lo que는 사용될 수 있지만, lo cual은 사용될 수 없다.

예

Mi compañero no participó en la reunión, lo que(lo cual) enfadó a mi jefe.
(내 동료는 회의에 참석하지 않았다. 그것이 상사를 화나게 만들었다.)

Lo que pasa es que no tuve tiempo para hacerlo.
(실은 나는 그것을 할 시간이 없었다.)

정답 ②

4 부정관사 + 형용사 + 명사 + que + 직설법

Busco una famosa canción que puede cantar todo el mundo.

스페인어에서 일반적인 품질형용사는 명사의 뒤에 위치한다. 이러한 품질형용사가 의미의 변화없이 명사의 앞에 위치하는 경우는 담화와 관련된다. una canción famosa로 "유명한 노래"를 가리켰던 것을 담화에서 다시 언급하는 경우에 품질형용사를 명사의 앞에 사용할 수 있다. 이 경우 una famosa canción은 이미 언급했던 노래를 다시 언급하는 것이기 때문에 화자와 청자 사이에 '알고 있는 혹은 특정한 그 노래'를 가리키게 된다. 이와 같이 형용사가 명사의 앞에 위치하여 특정적 해석이 이루어지는 명사구가 선행사인 경우, 이를 수식하는 형용사절에는 직설법 동사만 사용될 수 있다. 반면, 형용사가 명사의 뒤에서 사용되는 una canción famosa가 선행사인 경우는 이를 수식하는 형용사절에는 직설법 동사와 접속법 동사가 모두 사용될 수 있다. 즉, 언급하는 노래가 알고 있거나 존재하는 노래라면 직설법 동사를 사용하며, 존재 여부를 알 수 없는 경우라면 접속법 동사를 사용할 수 있다.

예

Quiero escuchar una canción famosa que les guste.
(그들이 좋아하는 유명한 노래를 듣고 싶어요.)

Quiero escuchar una canción famosa que les gustaba.
(그들이 좋아했었던 유명한 노래를 듣고 싶어요.)

정답 ②

5 hora punta - horas punta

La comarca tendrá un metro cada cinco minutos en horas punta.

스페인어에는 명사와 명사가 함께 연결되어 하나의 표현을 형성하는 구문이 존재한다. 이 경우 두 번째 명사는 앞의 명사를 수식하는 형용사적 기능을 한다. 그러나 주의할 점은 두 번째 명사는 의미적으로 앞의 명사를 수식할 뿐, 형용사가 아니기 때문에 앞의 명사가 복수형으로 사용되어도 두 번째 명사를 복수형으로 일치하지는 않는다는 점이다. 제시된 hora punta는 "러시 아워, 교통량이 많은 시간"을 가리키는 표현으로 'hora pico'로도 표현할 수 있다. 복수형은 horas punta이며, *horas puntas로는 사용하지 않는다.

정답 ①

Tip!

『명사+명사』의 구조로 이루어지는 표현으로는 ciudad dormitorio(베드타운), hombre rana(잠수부), sofá cama(침대 겸용 소파) 등이 있으며, 복수형은 각각 ciudades dormitorio, hombres rana, sofás cama이다. 단, 『명사+명사』의 구문을 ser동사를 이용해 계사(verbo cupulativo) 구문을 만들었을 때, 두 번째 명사가 첫 번째 명사의 속사(atributo)로 기능할 수 있는 경우는 두 번째 명사가 첫 번째 명사에 수를 일치하여 복수형으로 사용될 수 있다. 예를 들어, país miembro(회원국), palabra clave(키워드)와 같은 경우, 'Los países son miembros.', 'Las palabras son claves.'와 같은 구문이 가능하다. 이 경우는 복수형이 각각 países miembros, palabras claves가 된다.

6 ser pan comido

Lograr el primer puesto será pan comido para ti.

'ser pan comido'는 우리말의 "식은 죽 먹기"로 번역할 수 있다. 어떤 일이 "매우 쉽다"는 의미를 표현한다. 제시문은 "1등을 차지하는 것은 너에게는 식은 죽 먹기다"로 해석된다.

정답 ②

7 Por mí

A: ¿Qué te parece si quedamos delante del Palacio Real?
B: Por mí, ¡vale! ¿A qué hora quedamos?

제시문에서 화자 A는 "왕궁 앞에서 만나는 건 어때?"라고 물었고, 이에 대해 B가 "나는 좋아"라고 답하는 상황이다. 이와 같이 어떤 일에 대해 결정할 때 자신이 동의하는지 혹은 마음에 드는지 등의 의견을 이야기하는 경우에는 전치사 por를 이용한 'por mí'로 표현한다. 또한 por mí는 어떤 사실에 대한 화자의 무관심(indiferencia)을 표현할 수도 있다.

예

Por mí, ya puedes irte.
(이제 너는 가도 된다.)

A: ¿Podrías venir conmigo?
B: Por mí, sí, si quieres acompañarte.
(A: 나하고 함께 갈 수 있어?
B: 네가 동행하기를 원한다면 나는 좋아.)

정답 ③

8 tal vez/quizás + 직설법/접속법 lo mismo/a lo mejor + 직설법

Han convocado la reunión. Tal vez tengan algo importante que contarnos.

제시문은 "회의가 소집되었는데 아마도 우리에게 이야기할 중요한 일이 있는 것 같아"라는 의미로 해석된다. 빈칸에는 "아마도"라는 의미의 추측의 표현이 들어가야 한다. tal vez, quizá(s)는 이어지는 동사를 확실성의 정도에 따라 직설법 혹은 접속법으로 표현할 수 있다. 반면, lo mismo, a lo mejor 역시 "아마도"의 의미를 표현하지만 직설법 동사와 사용된다. 스페인에서는 igual 역시 동사의 앞에서 "아마도"의 의미를 표현하며 직설법 동사와 함께 사용된다.

예

Lo mismo está en su despacho.
(아마 자기 사무실에 있을 거예요.)

A lo mejor te lo dice ella.
(아마 그녀가 너에게 그것을 말할 거야.)

정답 ①

9 **andarse/irse por las ramas**

Déjate de rodeos. No me gusta que se anden por las ramas.

'rodeos'는 "말을 빙빙 돌려하기"를 의미한다. 'andarse/irse por las ramas'는 "이야기의 핵심을 벗어나다"를 의미하는 표현으로, 제시문은 "빙빙 돌려 말하지 마. 나는 이야기의 핵심을 벗어나는 것을 좋아하지 않아"로 해석된다.

정답 ②

10 **meter la pata**

Me parece que acabo de meter la pata. Es que le he dicho lo de Pedro. Él va a enfadarse conmigo.

'meter la pata'는 "실수하다"를 의미하는 표현이다. 제시문은 "나 방금 실수한 것 같아. 페드로의 일을 그에게 이야기했거든. 페드로가 나한테 화낼 거야"로 해석된다. nariz(코)를 이용한 표현 'meter las narices'는 "개입하다"는 의미이다.

정답 ①

Tip!

제시문에서 사용된 'lo de Pedro(페드로의 그 일)'는 『lo + de + 시간부사/장소부사/명사』의 구조를 사용한 표현으로, 여기에 사용된 lo는 중성관사이다. 대화자 사이에 굳이 말하지 않아도 미루어 짐작할 수 있는 일을 표현한다.

예

lo de ayer (어제 그 일)
lo de siempre (언제나의 그 일)

Nota

1 el que/la que/los que/las que

Fue Juan el que gritó.

제시문은 ser 동사를 이용해 'A는 B이다'의 의미를 표현하는 구조로, "후안이 고함을 지른 사람이었다"는 의미로 해석된다. 빈칸에는 '~하는 사람'의 의미를 표현할 수 있는 선행사를 포함하는 관계대명사가 사용되어야 한다. 따라서 Juan과 성, 수가 일치하는 남성 단수의 정관사를 사용한 el que가 정답이다. 그리고 Juan은 고유명사로 한정적 관계절의 수식을 받을 수 없기 때문에 선택지 ①의 que는 답이 될 수 없다.

정답 ③

Tip!

고유명사, 인칭대명사 혹은 유일한 대상이 선행사인 경우, 관계절은 한정적 용법으로 사용될 수 없으며, 반드시 설명적 용법으로 표현해야 한다.

예

Ella/Isabel, quien sabe hablar español, nos acompañará durante todo el recorrido.
(그녀는/이사벨은 스페인어를 할 줄 아는데, 목적지까지 가는 내내 우리를 동행할 것이다.)

Su padre, que es mexicano, quiere enviar a su hija a Europa.
(그의 아버지는 멕시코 분이신데, 자기 딸을 유럽으로 보내고 싶어 하신다.)

2 ~ soy yo/~ eres tú

El culpable soy yo.

ser동사로 이루어지는 'A는 B이다(A=B)'의 문장 구조에서 A와 B가 모두 명사구로 나타날 때, A와 B 중에서 ser동사가 인칭과 수의 일치를 어떤 요소와 해야 하는지를 묻는 문항이다. A와 B는 모두 주어로 기능할 수 있는 요소들이다. 이 중 동사가 우선적으로 일치를 하는 것은 두 요소 중 지시성(referencialidad)이 높은 요소이며, 지시성의 정도를 결정하는 데 영향을 주는 요소 중 하나는 인칭이다. 1, 2인칭이 3인칭보다 지시성이 높으며, 고유명사가 지시성이 높은 요소에 해당된다. 지시성이 높은 요소가 주어로 기능하는 것이며 그렇지 않은 요소가 속사(atributo)로 기능하는 것이다. 따라서 제시문에서 동사는 1인칭 주격 인칭대명사 yo에 일치해야 한다.

예

El mentiroso eres tú.
(거짓말쟁이는 너야.)

정답 ②

3 cualquiera que + 접속법

Cualquiera que te oiga pensará que estás loco.

선행사를 수식하는 형용사절에서의 직설법과 접속법의 사용을 묻는 문항이다. 형용사절 동사의 법을 결정하는 것은 선행사의 존재 여부이다. 즉, 실제 존재하는 특정한 대상이 선행사로 나온 경우 직설법 동사가 사용된 형용사절이 수식하며, 실제 존재하지 않는 혹은 존재 여부를 알 수 없는 대상이 선행사라면 접속법 동사가 사용된 형용사절로 수식한다. 제시문에서 선행사 cualquiera는 "누구든지"의 의미로 사용된 것으로 정해진 대상이 아니므로 접속법 동사가 사용된 형용사절의 수식이 이루어져야 한다. 제시문은 "너의 말을 듣는 누구든지 네가 생각이 없다고 생각할 것이다"로 해석된다.

예

El amigo que te oyó pensó que estabas loco.
(너의 말을 들었던 그 친구는 네가 생각이 없다고 생각했다.)

정답 ②

4 ser de lo más + 형용사

Su conversación era de lo más divertida.

제시문은 "그들의 대화는 가장 재미있었다"는 의미를 표현한다. 이 경우 제시문의 구조는 ser de 다음에 형용사가 최상급으로 표현된다. 형용사는 주어인 conversación에 성, 수 일치한 여성 단수 divertida로 나타나고 이 형용사의 최상급을 만들기 위해 비교급 más divertida에 중성관사 lo를 사용하여 "가장 재미있는 것"이라는 의미를 표현한 것이다. 성과 수를 갖는 것은 명사이며, 형용사는 문법적으로 이 명사에 성과 수를 일치한 것일 뿐 형용사 자체가 성과 수를 갖는 것은 아니다. 따라서 여성 단수의 형용사 divertida의 최상급에는 중성관사가 사용된다.

정답 ③

5 de manera que + 직설법 / 접속법

Trabaja hasta muy tarde, de manera que siempre se levanta a la hora de almorzar.

부사절을 이끄는 접속사들 중 여러 의미로 사용될 수 있는 접속사에 주의해야 하는 문항이다. 제시문에 사용된 de manera que는 "~하도록"의 의미로 '목적'의 부사절에 사용되기도 하지만, "그래서"의 의미를 표현하면서 '결과'의 부사절을 이끌 수도 있다. 이때, 목적의 부사절에서는 접속법 동사가 사용되어야 하며, 결과의 부사절에서는 직설법 동사가 사용되어야 한다. 제시문은 "그는 매우 늦게까지 일을 한다. 그래서 항상 점심시간에 일어난다"의 의미로 결과의 부사절로 해석된다. 따라서 부사절에는 직설법 동사가 사용된다.

예

Habló de manera que todos lo entendieran.
(그는 모든 사람들이 그의 말을 이해하도록 말했다.)

정답 ②

6 por mí que + 접속법

Por mí que te quedes conmigo. Yo no podría hacer nada sin ti.

'por mí'는 que 이하의 절을 원한다는 자신의 의견을 표현하여 'prefiero'의 의미를 표현할 수 있다. 따라서 que이하의 절에는 접속법 동사가 사용된다. 제시문은 "나는 네가 나와 함께 있기를 원해. 나는 너 없이는 아무 것도 할 수 없을 거야"로 해석된다.

정답 ③

7 vérsele a alguien el plumero

No pongas tantas excusas, que se te ve el plumero.

'vérsele a alguien el plumero'는 "(누구의) 의도, 생각 등을 알다"라는 의미로, "그 의도나 생각을 숨기고 있어도 알아보다"라는 의미를 표현한다. 의도나 생각을 갖고 있는 사람이 간접목적대명사로표현되어 se {me/te/le/nos/os/les} ve el plumero로 사용한다. 유사한 의미로 'vérsele a alguien la oreja'를 사용할 수도 있다.

정답 ③

8 estar como pez en el agua

Ahora sí que trabaja bien. Está como pez en el agua.

'estar como pez en el agua'는 직역하면 "물에 물고기처럼 있다"로 해석된다. 이 표현은 "잘 지내다, 편하게 지내다"라는 의미를 나타낸다. 제시문은 "지금은 일을 잘 하고 있다. 잘 지내고 있다"는 의미를 표현한다.

정답 ①

Tip!

제시문에서 사용된 『sí que + 동사』의 구조는 문장의 내용이 사실임을 강조하기 위해 사용되며, que없이 동사의 앞에 sí만을 사용하여 표현할 수도 있다.

예

Ella sí que era inteligente.
(그녀는 정말로 똑똑했다.)

Esa sí era la única alternativa que nos quedaba.
(그것은 우리에게 남은 유일한 대안이 맞았다.)

9 **con el corazón en la mano**

Con el corazón en la mano te digo que no puedo hacer más de lo que hago.

'con el corazón en la mano'는 직역하면 "손에 심장을 들고"로 해석된다. 이 표현은 "진심으로, 솔직하게"라는 의미를 나타낸다. 제시문은 "너에게 진심으로 말하는데, 내가 지금 하고 있는 것 보다 더 할 수는 없어"라는 의미를 표현한다.

정답 ③

10 **estar hasta el moño de ~**

Estoy hasta el moño de que todas las personas me digan lo que debo hacer.

'estar hasta el moño de ~'는 "~이 지겹다"는 의미를 표현한다. 'estar hasta {las narices/la coronilla/el gorro} de ~' 등이 유사한 의미로 사용된다. 이 표현은 감정을 나타내는 것으로 절과 함께 사용된다면 절에는 접속법 동사(digan)가 사용된다. 제시문은 "모든 사람들이 내게 내가 해야만 하는 일을 말하는 것이 지겹다"로 해석된다.

정답 ②

Repaso 1

1. Ojos que no ven, ______ que no siente.
   ① odio
   ② manos
   ③ corazón
   ☞ Prueba 2-10

2. El accidente sucedió ______ las doce menos cuarto de la mañana.
   ① en
   ② como
   ③ sobre
   ☞ Prueba 3-8

3. Eso es ______ quiero hacer ahora.
   ① que
   ② cual
   ③ lo que
   ☞ Prueba 3-4

4. ______ salió de la sala, se lo preguntaron.
   ① Apenas
   ② A pesar de
   ③ A menos que
   ☞ Prueba 2-5

5. Ella siempre se viste ______ blanco.
   ① a
   ② de
   ③ para
   ☞ Prueba 1-1

6. A Juan el documento ______ entregué.
   ① te lo
   ② se lo
   ③ me lo
   ☞ Prueba 3-5

7. ______ lo guapo que es y nadie quiere salir con él.
   ① De
   ② Con
   ③ Por
   ☞ Prueba 6-1

8. Se quedan la mar de ______.
   ① contenta
   ② tranquilos
   ③ inteligente
   ☞ Prueba 2-7

9. Rescataron a una persona de ______ los escombros de un edificio.
   ① a
   ② por
   ③ entre
   ☞ Prueba 2-8

10. No permitas que los niños ______ en la calle.
   ① juegan
   ② jugarán
   ③ jueguen
   ☞ Prueba 7-3

1 **levantar la cara**

Juan levantó la cara y miró la puerta.

'levantar la cara'는 "얼굴을 들다"라는 의미를 표현한다. 여기에서 동사는 재귀형 levantarse를 사용하지 않는다는 점에 주의하자. 재귀동사는 자신이 하는 동작이 자신에게 되돌아오는 의미를 표현하는 경우 사용한다. 예를 들어, lavarse las manos, cepillarse los dientes 등과 같은 경우는 자신의 신체 한 부분으로 자신의 다른 신체 부위에 행동을 하는 것으로 손이나 치아가 저절로 닦이는 것은 아니다. 이런 경우 재귀동사가 사용된다. 그러나 levantar {la cara/la mano}와 같이 자율신경에 의해 얼굴이나 손을 드는 동작이 혼자서 이루어지는 경우 재귀동사를 사용하지 않는다.

정답 ①

2 **비강세형 인칭대명사의 위치**

No deberías haberte comportado de esa forma.

비강세형 인칭대명사(me/te/lo/la/se 등)는 인칭 변화된 동사의 앞, 동사원형, 현재분사, 긍정 명령형 동사의 뒤에 붙여 사용할 수 있다. 따라서 조동사 deber에 연결되는 동사원형이 완료형 'haber + 과거분사'로 사용될 때 과거분사가 선택하는 비강세형 인칭대명사는 동사원형인 haber에 붙여 사용해야 한다. 제시문은 "너는 그런 식으로 행동하지 않았어야만 해"라는 의미를 표현하여, "처신하다, 행동하다"의 의미를 갖는 동사 comportarse가 인칭의 일치를 한 2인칭 단수형 comportarte가 완료형으로 사용되어야 한다. 이때 재귀대명사 te는 완료의 조동사 haber에 붙여 사용한다.

예

Me arrepiento de no haberte conocido mejor.
(이전에 너를 더 잘 알지 못했던 것이 후회된다.)

정답 ②

3 no hay la menor duda

No hay la menor duda de que el clima ha cambiado.

'no hay la menor duda'는 "추호의 의심의 여지도 없다"는 의미를 표현한다. 존재의 동사인 hay는 목적어로 특정적인 의미를 갖는 요소를 취할 수 없다. 따라서 일반적으로 hay는 부정관사, 수사(numeral), 부정(indefinido) 형용사를 동반하는 명사구와 함께 사용되며, 정관사를 동반하는 명사구와는 함께 사용될 수 없다. 그러나 주의할 점은 hay동사의 목적어가 특정적인 의미를 갖지 않는다면, 정관사를 동반한 명사구도 사용될 수 있다는 점이다. 제시문은 최상급을 위해 비교급 menor의 앞에 정관사가 사용된 것으로, 이는 특정한 "그 의심"을 지시하는 것이 아니다. 최상급 표현은 형용사가 나타내는 정도(grado)가 가장 작다는 의미를 표현하는 것일 뿐, 그 의미가 특정적인 어떤 대상을 지시하는 것은 아니다. 따라서 이런 경우 hay동사는 정관사를 동반하는 명사구와 함께 사용될 수 있다.

예

En esta zona hay el mejor restaurante.
(이 지역에 최고로 좋은 식당이 있다.)

정답 ②

4 visitar la catedral/ visitar a los padres

Esta es la catedral que visitamos el año pasado.

동사 visitar는 "방문하다"라는 의미의 타동사이다. 사람이 직접목적어이면 격 표시자인 a를 동반하고, 장소가 직접목적어이면 바로 직접목적어를 취한다. 따라서 제시문에서 선행사로 사용된 la catedral은 종속절 동사 visitamos의 직접목적어이므로 종속절과 연결할 때 관계대명사 que를 사용한다.

정답 ①

5 가정미래: 과거사실에 대한 추측

A: ¿Cuántas personas había aproximadamente en el concierto?
B: No sé, asistirían unos ochocientos chicos.

제시문의 대화는 과거(había)에 열린 콘서트에 참석한 대략적인 인원을 묻고, 이에 대한 답을 추측하여 표현하는 상황이다. 대답하는 B는 참석 인원을 정확하게 알지 못해 "대략적으로 800명 정도 되었던 것 같다"라고 답하고 있다. 따라서 가정미래형의 동사를 이용하여 과거 상황에 대한 추측을 표현한다. 현재 상황에 대한 추측은 동사의 단순미래형을 사용한다.

예

Jorge busca algo que comer. Tendrá mucha hambre.
(호르헤는 먹을 것을 찾고 있다. 아마도 배가 많이 고픈 것 같다.)

정답 ②

6 hablar por los codos

María habla por los codos. Cuando empieza a hablar, no hay quien la pare.

'hablar por los codos'는 "말이 많다"는 의미를 나타내는 표현이다. 제시문은 "마리아는 말이 너무 많다. 그녀가 말을 시작하면 그녀의 말을 막을 사람은 아무도 없다"로 해석된다. 유사한 의미로 'hablar como una cotorra'라는 표현이 있다. codo는 "팔꿈치"를 의미하며, 이 단어를 이용한 표현으로 'trabajar codo con codo'는 "서로 협력하여 일하다"라는 의미를 표현한다.

정답 ③

7 más bien

No es recomendable tumbarse después de las comidas, más bien es adecuado realizar un ejercicio ligero como pasear.

두 문장의 의미를 파악하여 올바른 연결어를 사용할 수 있는지 묻는 문항이다. 제시문의 앞 문장은 "식사 후에 눕는 것은 좋지 않다"는 내용이다. 두 번째 문장은 "산책과 같은 가벼운 운동을 하는 것이 적절하다"는 의미이다. 두 문장을 연결하기 위해서는 앞 문장의 내용과 다른 내용으로 다시 수정하는 기능의 연결어가 적절하다.

'más bien'은 "오히려"라는 의미의 표현으로 앞서 언급된 내용을 다시 수정하는 기능의 연결어로 문맥에 적합하다. asimismo는 "게다가"라는 의미로 내용을 추가하여 덧붙이는 기능의 연결어이다. por ende는 "그래서, 그 결과로"라는 의미로 'así pues', 'por tanto', 'por consiguiente'와 같이 결과를 표현하는 연결어이다.

정답 ②

8 ser un pedazo de pan

Álvaro siempre me ayuda con mucho gusto. Es un pedazo de pan.

'un pedazo de pan'은 직역하면 "빵 한 조각"이라는 의미이며, 'ser un pedazo de pan'은 "친절한 사람이다. 좋은 사람이다"를 의미하는 표현이다. 'ser un trozo de pan'이라고도 표현할 수 있다. 제시문은 "알바로는 항상 나를 기꺼이 도와준다. 정말 친절하다"로 해석된다.

정답 ①

9 al pie de la letra

Es muy importante seguir todas las instrucciones al pie de la letra.

'al pie de la letra'는 "문자 그대로, 정확히, 완전하게"를 의미하는 표현이다. 제시문은 "모든 지시를 정확하게 따르는 것이 매우 중요하다"로 해석된다.

정답 ②

10 merecerse

A: Mamá, he sacado la nota más alta de toda clase. No me lo creo.
B: Tú te lo mereces. Enhorabuena.

'merecer'동사는 사람에 대해 언급할 때 "(상이나 벌을) 받을 만 하다"는 의미를 표현한다. se를 동반하여 대명동사(merecerse)의 형태로 자주 자용된다. 제시문은 엄마에게 "반에서 일등을 했어요. 믿을 수가 없어요"라는 아이의 말에 "너는 그럴만해"라고 축하하는 상황이다. 제시문에 사용된 te에 동사의 인칭을 일치하여 2인칭 단수형의 mereces를 사용한다.

정답 ②

1 **necesitar + algo + 관계사 + 동사원형**

Necesito un bolígrafo con el que escribir.

『necesitar + algo + 관계사 + 동사원형』은 원형관계절 구문이다. 원형관계절은 주절의 주어와 동사원형의 주어가 동일한 경우에 사용할 수 있으며, 동사원형의 직접목적어나 동사원형에 연결된 전치사의 목적어가 선행사로 사용될 수 있다. 또한 선행사는 특정한 대상을 지시하는 경우에는 사용할 수 없기 때문에 주절동사에도 제약이 주어진다. 주절동사로 buscar, necesitar, tener, haber와 같이 비특정적인 대상을 목적어로 취하는 동사가 사용된다.

정답 ②

2 **suponer que + 직설법**

Se supone que la gente es buena en el fondo.

동사 suponer는 "추정하다, 짐작하다, 추측하다"를 의미한다. 이 동사는 의견을 이야기하는 동사로 suponer que(~라고 생각한다)가 이끄는 종속절에서 동사는 직설법으로 사용된다. 그리고 no suponer que와는 접속법 동사가 사용된다. 제시문은 "사람들은 인간은 본질적으로는 모두 선량하다고 생각한다"라는 의미를 표현한다. 다른 한편으로, 동사 suponer는 "가정하다"의 뜻을 갖기도 하며, 이러한 의미를 표현하는 경우는 접속법이 사용될 수 있다.

예

Suponiendo que volviera a venir, ¿me dejaría usarlo?
(다시 돌아온다면, 제가 그것을 사용하도록 해주시겠어요?)

정답 ①

3 선행사, que + 직설법

Quería entrevistar a unos estudiantes, que habían participado en el congreso.

선행사를 수식하거나 설명하는 종속절에서 직설법과 접속법의 사용을 묻는 문항이다. 제시문에서는 선행사 unos estudiantes를 뒤따르는 종속절이 설명적(계속적) 용법으로 사용되고 있다는 점에 주의하자. 콤마와 함께 사용된 종속절은 선행사 '학생들'에 대해 설명하는 구문으로, 이 학생들은 실제 존재하는 학생들이며 이들이 "학회에 참석했던" 사실을 종속절이 설명하고 있다. 이와 같이 설명적 용법으로 사용된 종속절에는 동사의 직설법만이 사용될 수 있다. 반면, 한정적 용법으로 선행사를 수식하는 종속절에서는 선행사의 존재 여부에 따라 직설법과 접속법이 모두 사용될 수 있다.

예

Busco a un estudiante que habla/hable coreano.
(한국어를 하는 학생을 찾고 있다.)

정답 ②

Tip!

동일한 문장이라도 제한적 관계절과 설명적 관계절은 의미적으로 차이가 있다.

예

Sus amigos que viven cerca suelen visitarlo.
(제한적 관계절: (친구들 중에서) 가까이에 살고 있는 그의 친구들이 종종 그를 찾아온다.)

Sus amigos, que viven cerca, suelen visitarlo.
(설명적 관계절: 그의 친구들은 (모두) 가까이에 살고 있는데 종종 그를 찾아온다.)

4 igual de + 형용사/부사 + que + 비교대상

A: Se parece muchísimo a su madre, ¿verdad?
B: Sí, es igual de alto que ella.

『igual de + 형용사/부사 + que + 비교대상』은 동등비교를 표현하기 위한 구조로 "~만큼 ~하다"의 의미를 나타낸다. 동등비교는 『tan + 형용사/부사 + como + 비교대상』으로 표현할 수도 있다.

예

Mi madre canta igual de bien que esa cantante.
(우리 어머니는 그 가수만큼 노래를 잘 부르신다.)

Mi madre canta tan bien como esa cantante.
(우리 어머니는 그 가수만큼 노래를 잘 부르신다.)

정답 ②

5 declarar + 목적어 + 목적어 술어

El tribunal declaró inocente a Sandra por un presunto fraude fiscal.

『declarar + 목적어 + 목적어 술어』의 구문은 "~을 ~라고 선언하다, 판결을 내리다"를 의미한다. 즉, declarar동사는 절의 의미를 목적어와 목적어 술어로 표현할 수 있는 동사이다. 제시문은 "법원은 산드라의 탈세 혐의에 대해 무죄라고 판결을 내렸다"로 해석된다. 이 구문은 'El tribunal declaró a Sandra inocente'와 같이 목적어의 술어인 형용사 inocente가 목적어(a Sandra)를 뒤따르는 구조도 가능하며, 제시문에서와 같이 목적어의 술어가 동사 declaró의 바로 뒤에서 나타나는 것도 가능하다.

정답 ①

6 desaparecido(a)(s) + 과거분사의 주어, 주어+ 동사

Desaparecidas las sombras, la imagen se hizo completamente clara.

제시문은 과거분사를 이용한 절대구문의 구조를 묻는 문항이다. 절대구문은 다양한 부사절로 해석될 수 있으며, 제시문은 "그림자가 사라지자 이미지가 완전하게 분명해졌다"로 해석된다. 제시문에서는 desaparecer동사의 사용에 주의해야 한다. 인칭 변화된 동사로 절대구문을 표현하면, 'Cuando/Como desaparecieron las sombras, ...'로 표현할 수 있을 것이다. 이때 desaparecer는 las sombras가 주어이며 직접목적어를 취하지 않는 자동사로 보인다. 그러나 의미적으로 이 동사는 '그림자가 직접 사라지는 행동을 하는 주체'가 아니며, las sombras는 desaparecer의 직접목적어의 의미를 갖지만 문법적 주어로 나타나는 소위 '비대격동사(verbos inacusativos)'이다(예: llegar, nacer, morir 등). 이러한 특징으로 인해, 비대격동사는 타동사처럼 과거분사로 절대구문을 형성할 수 있다.

예

Llegadas las personas, empezaron la reunión.
(사람들이 도착했기 때문에, 회의를 시작했다.)

정답 ②

7 X por ciento

Este año se redujo el presupuesto en un diez por ciento.

'por ciento'는 "퍼센트"를 나타내는 표현으로, 제시문은 "올해 예산이 10퍼센트 감소했다"로 해석된다. 단, "백 퍼센트, 전체적으로"를 의미하는 경우에는 cien por cien, ciento por ciento, cien por ciento로 표현할 수 있다.

정답 ②

8 veinte y pico

Yo era entonces un chico de veinte y pico años.

pico는 "조금, 소량"을 의미하며 "20살이 조금 넘는 나이"를 'veinte y pico años'로 표현할 수 있다. 또한 한 단어로 'veintipico'로도 표현할 수 있다. 단, 30부터는 한 단어로 연음하지 않고 'treinta y pico', 'cuarenta y pico'와 같이 사용한다.

정답 ③

Tip!

~ y pico'는 시간이나 가격, 수량을 표현할 때도 'un poco más'의 의미로 사용할 수 있다.

예

Son las dos y pico de la tarde.
(오후 두 시가 조금 넘었다.)

Me ha costado mil y pico euros.
(천 유로 조금 넘는 돈을 지불했어.)

9 saber + 의문문

Todavía no conozco muy bien la ciudad. ¿Sabes dónde está la estación de Chamartín?

conocer동사는 "(장소나 사람을 경험적으로) 알다"는 의미를 표현하고, saber동사는 "(사실을) 알다"는 의미를 표현한다. 제시문에서는 "아직 도시를 잘 알지 못한다"라고 장소(la ciudad)를 안다는 의미를 표현하기 위해 conocer동사를 사용하였다. 그리고 이어지는 질문에서는 "차마르틴 역이 어디에 있는지 아니?"라고 묻고 있어 의문사(dónde)가 사용된 문장 전체를 아는지 묻는 것으로 saber동사를 사용해 표현해야 한다.

정답 ①

10 como quien oye llover

No me has escuchado. Me has oído como quien oye llover.

'como quien oye llover'는 직역하면 "비오는 것을 듣는 사람처럼"으로 해석된다. 이 표현은 "무관심하게, 신경 쓰지 않고"를 의미한다. 제시문은 "너는 내 말을 듣지 않았어. 내 말을 무관심하게 들었어"로 해석된다.

정답 ②

Nota

1 alguno/ninguno + de + 복수명사

Daniel llamó ayer por la tarde preguntando si alguno de vosotros puede ir a buscarle.

부정(indefinido) 대명사들 중, alguno, ninguno는 "~들 중의 일부"를 의미할 수 있지만 algo, alguien은 부분을 나타내는 용법으로는 사용될 수 없다. 따라서 alguno, ninguno는 전치사 'de + 복수명사'와 함께 사용될 수 있다. unos는 이어지는 동사가 단수이기 때문에 답이 될 수 없다. 제시문에서와 같이 'alguno de nosotros/vosotros/ustedes'로 인칭대명사가 전치사 de의 목적어로 사용되는 구문에서 동사는 alguno에 일치하여 3인칭 단수형으로 사용할 수 있을 뿐만 아니라 인칭대명사(nosotros/vosotros/ustedes)에 일치하여 각각 1인칭 복수/2인칭복수/3인칭 복수형으로 사용하는 것도 가능하다.

예

Ninguno de nosotros tiene la culpa de lo que está pasando.
(우리들 중 누구도 지금 벌어지고 있는 일에 잘못이 없다.)

Me pregunto si alguno de vosotros podéis ayudarme.
(너희들 중 누가 나를 도와줄 수 있는지 궁금하다.)

정답 ②

2 명령문, que + 절

Date prisa, que llegamos tarde.

제시문의 구조는 명령문에 이어지는 que 이하의 절이 "~이므로"의 '이유'를 표현하는 부사절로 해석되거나, "~하도록"의 '목적'을 표현하는 부사절로 해석될 수 있다. 이러한 구조에서 접속사 que는 'ya que' 혹은 'para que'의 의미를 표현할 수 있다. 제시문은 "늦으니까 서둘러"로 해석되어 que는 ya que의 의미를 표현한다. que이하의 절이 '이유'의 부사절을 표현하는 경우에는 직설법 동사가 사용되며, '목적'의 부사절을 표현하는 경우에는 접속법 동사가 사용된다. que이하의 절의 앞에 나오는 문장은 명령문뿐만 아니라 평서문도 사용될 수 있으며, 일반적으로 콤마를 찍는다.

예

Tengo que irme, que me esperan mis amigos.
(나는 가야 해. 내 친구들이 기다리거든.)

정답 ①

3 ¿Y Isabel?

A: ¿Dónde está Marta?
B: En su despacho.

A: ¿Y Isabel?
B: Pues, no lo sé.

연결의 등위접속사 'y'는 연결되는 단어의 발음이 [i-]로 시작되는 경우에는 발음의 부조화(cacofonía)를 피하기 위해 철자를 'e'로 바꾸어 사용한다. 그러나 y가 ¿Dónde?, ¿Cómo? 등의 부사적 의미를 갖고 의문문을 시작할 때 사용되는 경우에는 이어지는 단어의 발음이 [i-]로 시작되는 경우에도 철자를 바꾸지 않고 그대로 'y'로 사용한다.

정답 ①

Tip!

y가 연결의 등위접속사로 사용될 때, 연결되는 단어가 hie-로 시작하여 발음이 [y]로 소리 나는 경우(예: hielo, hierba, hierro)에는 철자 y를 e로 바꾸지 않는다.

예

Esta puerta es de madera y hierro.
(이 문은 나무와 철로 만들어졌다.)

4 la mayoría de + 복수명사 + 동사(단수/복수)

La mayoría de los trabajadores están satisfechos con sus propias condiciones de trabajo.

"복수명사 중의 일부나 부분"을 가리키는 수량 명사 la mayoría de, la mitad de, el resto de, un X por ciento de 등의 표현이 주어로 사용될 때 동반되는 동사의 일치와 관련된 문항이다. 이 경우 de 앞의 부분사(partitivo)에 일치하여 동사를 3인칭 단수로 사용할 수도 있고, de 다음에 나오는 복수명사에 일치하여 3인칭 복수로 사용할 수도 있다. 단, 동사가 속사(atributo)나 서술보어(complemento predicativo)를 동반하는 경우에는 복수로 일치한다. 제시문은 estar 동사가 속사(satisfechos)와 함께 사용된 구문으로 los trabajadores에 일치하여 3인칭 복수로 일치한다.

예

Un diez por ciento de los turistas llegaron cansados.
(관광객들 중 십 퍼센트가 피곤한 상태로 도착했다.)

정답 ③

5 me/te/le/nos/os/les + cuesta + 동사원형

¿Por qué te cuesta pronunciarlo?

『간접목적대명사 + cuesta (trabajo) + 동사원형』의 구조는 "~에게 ~하는 것이 힘들다"라는 의미를 표현한다. gustar류의 구조로 사용된 구문으로 costar (mucho) trabajo로 사용하거나 명사 trabajo는 생략될 수도 있다. 제시문은 "왜 그것을 말하는 게 힘든 거야?"라는 의미를 표현한다. 선택지의 olvidar동사는 재귀동사로 사용되면 'olvidarse de(~을 잊다)'로 전치사 de를 동반해야 한다. atrever동사는 대명동사로 항상 대명사를 동반해서 사용되며 'atreverse a(감히 ~하다)'로 전치사 a와 함께 사용되어야 한다. 제시문은 pronunciarlo가 문법적 주어로 사용된 문장이다.

정답 ①

6 no permitas que + 접속법

No permitas que vuelva a entrar ahí.

주절의 동사가 부정명령으로 사용된 경우 종속절 동사를 직설법으로 사용해야 하는지 접속법으로 사용해야 하는지를 묻는 문항이다. 이는 주절의 동사가 종속절에 영향(influencia)를 주는지의 여부로 결정된다. 제시문에서 주절의 동사는 "~하는 것을 허락하지 마라"라는 의미로 종속절의 내용을 '금지'하는 '영향'의 동사에 해당한다. 따라서 종속절에는 접속법 동사가 사용된다. 반면에 no creas, no pienses 등의 부정명령의 동사가 주절에 사용되는 경우는 종속절에 영향을 주지 않기 때문에 직설법 동사가 사용된다.

예

No pienses que él es un perezoso.
(그가 게으르다고 생각하지 마.)

정답 ②

7 a la ligera

Me parece que esto ha ocurrido demasiado deprisa, ya que las decisiones se han tomado a la ligera.

제시문의 문장 구조는 “이 일이 지나치게 급작스럽게 벌어졌다”는 의미의 문장이 먼저 제시되었고, 그 이유가 접속사 ya que(~인 이상, ~이므로)로 이끌어지는 ‘이유’의 부사절로 제시되고 있다. ‘tomar la deción’은 “결정을 내리다”라는 의미의 표현으로 ‘las decisiones se han tomado’에서는 수동의 se가 사용되어 “결정이 내려졌다”로 해석된다. 따라서 빈칸에는 앞 문장에서 일이 급작스럽게 벌어졌다는 내용의 이유로서 어울리는 표현이 들어가야 한다. ‘a la ligera’는 “생각 없이, 급하게”의 의미를 나타내는 표현이다. ‘con cautela’는 “조심스럽게”를 의미하며, ‘paso por paso’는 “천천히 정확하게, 한 걸음 한 걸음”을 의미한다.

정답 ①

8 hacer la vista gorda

El policía hizo la vista gorda aunque vio el coche mal aparcado.

‘hacer la vista gorda’는 “못 본 체하다, 눈감아주다”를 의미하는 표현이다. 제시문은 “경찰이 잘못 주차된 차를 보았지만 눈감아주었다”로 해석된다. 유사한 의미로 ‘pasar por alto’를 사용할 수 있다.

정답 ①

Tip!

gordo’는 “복권의 1등”을 의미하는 남성명사로 사용되기도 한다.

예

A Juan le tocó el gordo.
(후안은 복권 1등에 당첨되었다.)

9 a diestro y siniestro

Eché un vistazo a los grandes edificios que se alzaban a diestro y siniestro.

'a diestro y siniestro'는 "아무렇게나, 무차별적으로, 곳곳으로"를 의미하는 표현이다. diestro는 "오른쪽의"를 뜻하고 siniestro는 "왼쪽의"를 의미한다. 이 표현은 *a diestra y siniestra로는 사용되지 않는다. 제시문은 "마구 세워진 대형 건물들을 훑어보았다"로 해석된다.

정답 ②

10 en un abrir y cerrar de ojos

Los niños, que llegaron hambrientos del colegio, se comieron todas las galletas en un abrir y cerrar de ojos.

'en un abrir y cerrar de ojos'는 직역하면 "눈을 뜨고 감는 시간 동안에"로 해석된다. 이 표현은 "눈 깜짝할 사이에, 순식간에"를 의미한다. 제시문은 "아이들은 학교에서 배고픈 상태로 돌아와 눈 깜짝할 사이에 과자를 모두 먹어치웠다"로 해석된다. 'llegar hambrientos'에서 hambrientos는 주어 los niños의 형용사 술어로 주어에 성과 수를 일치해야 한다.

정답 ②

Nota

1 **sano y salvo**

Una niña de un año pudo ser rescatada sana y salva de entre las llamas.

'sano y salvo'는 "안전한, 무사한"을 의미하는 형용사이다. 제시문에서는 동사 ser rescatada로 이루어진 수동문의 주어 una niña의 술어로 sano y salvo가 사용된 것으로 형용사 술어는 주어에 성과 수를 일치해야 한다. 따라서 주어인 una niña에 일치하여 여성 단수인 sana y salva로 사용되어야 한다. 제시문은 "한 살 난 여자 아이가 화염 속에서 안전하게 구출될 수 있었다"로 해석된다.

정답 ②

2 **a solas**

En el presente estudio el 15% de las personas vive a solas.

'a solas'는 "혼자서, 다른 사람의 도움 없이"를 의미하는 부사적 표현으로 형태의 변화가 없다. 'solo'는 형용사로도 기능할 수 있고 부사로도 기능할 수 있다. 만약 "혼자 산다"는 의미를 표현하기 위해 solo를 사용한다면 주어의 성과 수에 일치하여 형용사로 사용해야 한다. 즉, 'Las personas viven solas.'로 표현한다. 제시문에서 형용사 solo를 사용하기 위해서는 las personas에 성, 수를 일치해야 하고 동사 역시 복수형으로 사용해 'El 15% de las personas viven solas.'로 표현해야 한다. 만약 동사에 연결된 형용사가 없다면 제시문과 같이 부분을 의미하는 표현(el 15% de ~)이 사용되는 경우 동사는 단수형과 복수형이 모두 사용될 수 있다.

예

El 10% de los jóvenes quiere/quieren montar su propio negocio.
(젊은이들 중 십 퍼센트는 자신의 사업을 하길 원한다.)

정답 ③

3 una de + 명사 + que + 결과문

¡Mi jefe tiene una de trabajo que no puede atenderte ahora!

『una de + 명사 + que + 절』의 구조는 "너무 많은 수량의 (명사)로 ~하다"는 의미를 표현하여 『tanto(a)(s) + 명사 + que + 절』과 동일한 의미의 결과구문을 이룬다. 부정관사 una를 이용한 'una de + 명사'가 "많은 수량의 ~"를 의미하며, 이를 이용하여 "너무 ~하여 ~하다"라는 의미를 나타내는 결과구문을 만들 수 있다. 제시문은 "내 상사는 일이 너무 많아서 지금 너를 응대할 수 없어"로 해석된다.

정답 ①

4 me gustaría que + 접속법과거

Me gustaría que se reconciliaran para que siguieran trabajando en equipo.

주절의 동사가 가정미래형(gustaría)이 사용된 경우, 문법적으로 이를 과거시제로 보고 시제일치를 한다. 따라서 gustar의 주어로 사용된 que이하의 절에도 접속법 과거형(reconciliaran)이 사용되며, 접속사 para que가 이끄는 '목적'의 부사절 내에도 과거를 기준으로 앞으로의 미래의 목적을 가리키기 위해 접속법 과거형이 사용된다. 제시문은 "함께 팀으로 계속 일하기 위해 그들이 화해하면 좋을 텐데"로 해석된다.

정답 ③

5 conque + 직설법/명령문

No sé nada de ese tema, conque pregúntalo a tu secretaria.

접속사 conque는 '결과'의 부사절을 이끄는 접속사로 así que, por tanto, por consiguiente와 같이 앞 문장에서 언급하는 행동이나 상황의 결과를 표현한다. 따라서 결과의 부사절에는 직설법 동사가 사용되거나 명령문이 나올 수도 있다. 제시문은 "나는 그 주제에 대해서는 아무것도 알지 못해. 그러니까 너의 비서에게 물어봐"로 해석된다.

정답 ①

6 no lo parece

A: ¿Marta es una buena actriz?
B: No, no lo parece.

제시문은 "마르타가 훌륭한 여배우니?"라는 A의 물음에 B가 "그렇게 보이지는 않아"로 답하는 상황이다. 빈칸에는 앞 문장의 동사 ser의 보어, 즉 주어의 명사술어인 una buena actriz를 받는 요소가 들어가야 한다. 술어나 앞 문장 전체의 내용 혹은 개념 등을 대신 받는 것은 중성대명사 lo이다. 계사(verbo copulativo)인 ser, estar와 계사와 유사한 동사로 보는 parecer 동사의 보어로 사용된 명사 술어 역시 중성대명사 lo로 받는다.

정답 ③

7 mantener + 목적어 + 목적어의 술어

Oye, Claudia, te mantendré informada de todas las novedades que haya.

동사 mantener가 사용된 문장에서 직접목적어와 목적어의 술어가 사용되어 "~를 ~한 상태로 유지하다"라는 의미를 표현한다. 이 경우 목적어의 술어는 자신의 주어, 즉 문장의 목적어와 성, 수 일치되는 주어-술어의 관계를 형성한다. 제시문에서는 직접목적대명사 te가 가리키는 것이 클라우디아이므로 목적어의 술어는 여성 단수로 일치하여 'Tú estarás informada.'의 의미를 표현해야 하는 것이다. 제시문은 "이봐, 클라우디아, 모든 새로운 상황이 있으면 너에게 알려주도록 할게"로 해석된다.

정답 ②

8 Si + 접속법 과거완료, 가정미래

Si él hubiera tenido hijos, el mayor tendría ahora veinticinco años.

'Si 조건문'은 과거 사실의 반대되는 가정과 과거에 이루지 못한 일에 대한 아쉬움을 표현할 때, 『Si + 접속법과거완료, 가정미래완료』의 구조를 사용한다. 이 구조는 조건절과 귀결절이 모두 과거 상황을 가리키는 경우에 적용된다. 그러나 조건절의 내용은 과거 사실의 반대되는 가정을 표현하고, 귀결절에서는 현재 이루지 못하는 일에 대한 아쉬움을 표현한다면 『Si + 접속법과거완료, 가정미래』의 구조를 사용해야 한다는 점에 주의하자. 제시문은 "그가 자식이 있었더라면, 큰 아이는 지금 스물다섯 살이 될 텐데"라는 의미를 표현한다. 즉, '자식이 있었더라면'이라는 가정은 과거 상황에 반대되는 것이며, '큰 아이가 스물다섯 살이 될 것'이라는 내용은 현재 이루지 못하는 일을 표현하는 것이다. 따라서 귀결절에는 동사의 가정미래형(tendría)을 사용한다.

예

Si hubieras trabajado mucho, ahora podrías comprar esa casa.
(네가 과거에 일을 열심히 했었더라면, 지금 그 집을 살 수 있을 텐데.)

정답 ②

9 **un café cargado**

Solo tomando un café cargado y un pan dulce, sentirás una rápida subida de energía.

동사 cargar(짐을 싣다, 강화하다)의 과거분사형인 cargado는 형용사로 "적재한, 가득한, 무거운, 진한"의 의미를 갖는다. café cargado는 "진한 커피"를 의미한다. 반대로 물이 섞여 "묽은커피"는 café aguado, café largo로 표현한다.

정답 ①

10 **poner la mano encima**

Jamás le he puesto la mano encima ni la he insultado.

'poner la mano encima'는 "때리다, 벌하다"라는 의미를 표현한다. 제시문은 "나는 절대 그녀를 때린 적도 욕한 적도 없다"로 해석된다. jamás는 "결코 ~아니다"를 의미하는 부정어(negación)이다. 이러한 부정어가 동사의 앞에 사용되면 동사의 앞에 no는 사용하지 않는다.

정답 ②

Prueba 14

1 명사 + 전치사 + cuyo(a)(s) + 명사 + 동사

Esta señorita es la escritora de cuyas novelas te he hablado.

소유의 의미를 표현하는 관계형용사 cuyo는 선행사에 정보를 추가하는 기능을 갖고 있다. 소유주(la escritora)를 나타내는 명사를 항상 필요로 하는 cuyo는 형용사이기 때문에 자신이 수식하는 명사(novelas)의 성과 수에 일치한다. 또한 관계사이므로 종속절의 동사와 선행사를 연결하는데 필요한 전치사가 있다면, 이 전치사가 관계사에 동반되어야 한다. 제시문에서는 "너에게 말했던 소설"이라는 의미를 표현하기 위해 hablar와 novelas를 연결하는데 전치사 de가 필요하다. 따라서 빈칸에는 de cuyas가 들어가 "이 아가씨가 내가 너에게 말했던 소설책의 작가야"라는 의미를 표현한다.

정답 ③

2 비인칭 se/ 수동의 se

Se contrató a 150 obreros para que terminaran una obra en 20 meses.

비인칭 se는 동반하는 동사가 항상 3인칭 단수로 나타나고 동사가 반드시 타동사일 필요는 없다. 반면에, 수동의 se는 동반하는 동사가 수동 주어에 인칭과 수를 일치하고 동사가 반드시 타동사여야 한다. 제시문에서는 150 obreros가 a와 함께 사용되어 동사의 직접목적어로 사용되었음을 알 수 있다. 따라서 제시문의 se는 비인칭 se의 용법으로 사용된 것으로 동사는 3인칭 단수로 나타나야 한다. 제시문을 수동의 se로 표현한다면 'Se contrataron 150 obreros.'로 표현할 수 있다.

정답 ②

3 sospechar que + 직설법

Sospechaba que serviría para poner bastantes cosas en su sitio.

동사 sospechar는 "의심하다, 추측하여 ~라고 생각하다"의 의미를 갖는다. 이때 "의심하다"의 의미로 사용되는 경우는 자동사의 용법에 해당하여 전치사 de를 동반하여 사용된다. 반면, 타동사로 que 이하의 절을 취하는 경우는 "추측하여 ~라고 생각하다"의 의미를 표현한다. 따라서 que이하의 절과 함께 사용되는 경우에는 종속절에 직설법 동사가 사용된다는 점에 주의하자.

예

No sospecho de nadie.
(나는 아무도 의심하지 않는다.)

정답 ③

4 el tipo ese

Yo andaba por las calles y se me acercó el tipo ese.

일반적으로 지시형용사는 명사의 앞에서 사용되어 화자와 청자 사이의 거리에 따라 "이, 그, 저"의 의미를 표현한다. 그러나 지시형용사는 명사의 뒤에서도 사용될 수 있으며, 이 경우 명사의 앞에는 정관사가 사용된다. 이같이 지시형용사가 명사의 뒤에 사용되는 경우에는 지시사가 갖는 위치의 지시적 의미를 강조하기 위해서 사용될 뿐만 아니라, 화자가 강조하고자 하는 의도나 경멸적인 뉘앙스를 담기 위해서도 사용된다. tipo는 "개인, 인물, 녀석"을 의미한다. 제시문은 "내가 길을 걷고 있었는데 바로 그 녀석이 내게 다가왔어"로 해석된다. 여기에서 명사 뒤에 사용된 지시형용사 ese는 화자가 tipo에 대해 강조하는 의도를 표현한 것이다.

예

No me da buen rollo la chica esa.
(바로 그 여자 아이가 내게는 별로 좋은 인상을 주지 않는다.)

정답 ②

5 estar verde

Jorge ha decidido no participar en la reunión porque está todavía muy verde en este tipo de negociaciones.

형용사 verde는 색을 표현하는 "초록색의"의 의미뿐만 아니라, "미숙한, 초보의, 아직 익지 않은"의 의미도 갖는다. 색을 표현하는 경우는 ser동사와 함께 사용되며, "아직 서투르다, 완성되지 않았다, 익지 않았다"의 의미를 표현하는 경우는 estar동사와 사용된다. 제시문은 "협상이 아직 완성되지 않았다"는 의미를 표현하는 것으로 estar동사와 사용되어야 한다.

정답 ②

Tip!

ser, estar와 모두 사용될 수 있는 형용사들이 존재하며, 함께 사용되는 동사에 따라 그 의미가 달라진다.

- ser bueno (좋은 사람이다)
- estar bueno (건강 상태가 좋다)
- ser malo (나쁜 사람이다)
- estar malo (건강 상태가 좋지 않다)
- ser listo (똑똑하다, 재치있다)
- estar listo (순비가 되어 있다)
- ser verde (초록색이다)
- estar verde (아직 익지 않았다, 초보이다)
- ser atento (친절하다)
- estar atento (주의를 기울이다)

6 a lo loco

Al abrir mi local no reflexioné mucho ni planifiqué nada, por lo cual puse el nombre "a lo loco" a mi tienda.

'a lo loco'는 "깊이 생각하지 않고"를 의미하는 표현이다. 제시문은 "나는 내 가게를 개업할 때 깊이 생각하지 않았고 아무런 계획도 세우지 않았다. 그래서 가게 이름을 '깊이 생각하지 않고'라고 했다"로 해석된다. 선택지의 'en las nubes'는 estar동사와 함께 사용되어 "멍하다, 얼빠져 있다"를 의미한다. 'la mar de tapas'의 'la mar de'는 muchas에 해당하는 표현으로 "많은 타파"를 의미한다.

정답 ①

7 hacer la pelota

Ese hombre le hace la pelota porque quiere pedirle un favor.

'hacer la pelota'는 "원하는 것을 얻기 위해 아부하다"의 의미를 표현한다. 제시문은 "그 남자는 그에게 부탁을 하고 싶어 아부한다"로 해석된다. 동일한 의미로 'hacer la rosca'라는 표현도 사용된다. 또한 'ser un pelota'는 "아부를 하는 사람이다"라는 의미를 표현한다.

정답 ②

8 estar al tanto

Yo estoy al tanto de todo, así que mejor no me mientas.

'estar al tanto de ~'는 "~에 대해 알고 있다"는 의미를 표현한다. 제시문은 "나는 모든 것을 다 알고 있으니까 내게 거짓말하지 않는 것이 더 낫다"로 해석된다. 동일한 의미로 'estar al corriente de ~'를 사용할 수도 있다. 선택지의 'a la intemperie'는 "야외에서"를 의미하는 표현이다.

정답 ①

9 dormir como un bendito

Tú dormías como un bendito en el sillón.

'dormir como un bendito'는 "단잠을 자다"를 의미하는 표현이다. bendito는 bendecir(축복하다)의 불규칙 과거분사형으로 형용사나 명사로 사용될 수 있다. 동일한 의미의 표현으로 'dormir como un tronco'를 사용할 수도 있다.

정답 ①

10 tachar a alguien de

Sus compañeros lo tacharon de cobarde.

『tachar a alguien de ~』는 "(누구를) ~라고 비난하다"를 의미하는 표현으로 부정적 평가를 할 때 사용한다. tachar와 유사한 동사로 tildar는 "(누구를) ~라고 결점을 지적하다"를 의미한다. 이 두 동사 모두 '비난하거나 지적하는 내용'을 전치사 de로 표현한다. 이때 전치사 como를 사용하지 않는다는 점을 주의하자. 이 동사들은 모두 부정적 내용의 평가를 할 때 사용한다. 긍정적 내용의 평가를 하고자 한다면 considerar나 calificar동사를 사용하며 이 동사들은 como를 사용하여 평가 내용을 표현할 수 있다.

예

Lo consideran/califican como sabio.
(그를 박식한 사람이라고 생각한다/평가한다.)

정답 ①

Prueba 15

Gramática y expresiones

1 la página + 서수/기수

Pienso empezar por leer la página trigésima cuarta.

제시문은 "34페이지를 읽는 것부터 시작하려고 한다"는 의미를 표현한다. 서수는 수 형용사로 명사 página에 여성으로 일치해야 한다. "34페이지"를 표현하기 위해 명사 다음에 기수를 사용하여 'la página treinta y cuatro'로 표현할 수도 있다. 제시문에 사용된 『empezar por + 동사원형』은 "~을 하는 것부터 시작하다"의 의미를 표현한다.

정답 ②

2 todo cuanto

Haz una lista de todo cuanto necesitas antes de ir de compras.

'todo lo que(~하는 모든 것)'을 의미하는 관계대명사 cuanto는 명시적인 선행사로 부정(indefinido) 대명사 todo를 동반할 수 있다. 제시문은 "쇼핑가기 전에 네가 필요한 모든 것의 리스트를 만들어라"로 해석된다.

예

Luis lo enseñaba a todos cuantos vivían con él.
(루이스는 그와 함께 살았던 모든 사람들에게 그것을 보여주곤 했다.)

정답 ②

3 quedar mucho por hacer

Todavía queda mucho por hacer para mejorar la economía.

'quedar algo por hacer'의 표현은 전치사 por가 sin의 의미로 사용된 경우로 "해야 할 일이 남아있다"는 의미이다. 제시문은 "경제를 호전시키기 위해 아직 해야 할 일이 많이 있다"로 해석된다.

예

Me queda mucho por terminar.
(나는 끝내야 할 일이 많이 남아있다.)

정답 ③

4 동사 + tanto + que + 주어 + 동사

Bebí tanto que perdí el conocimiento.

『동사 + tanto + que + 절』의 구조는 결과구문으로 "너무 ~해서 ~하다"의 의미를 표현한다. tanto는 동사를 수식하는 경우 tanto의 형태로 사용되고 형용사나 부사를 수식하는 경우 tan의 형태로 사용된다. 명사를 수식하는 결과구문에서 tanto는 명사의 성과 수에 일치한다. 이러한 결과구문에서는 que 이하의 절에 직설법 동사가 사용된다.

예

La blusa era tan cara que no pude comprarla.
(그 블라우스는 너무 비싸서 나는 살 수가 없었다.)

Tiene tantos amigos que nunca está en casa.
(그는 친구가 너무나 많아서 집에 있지를 않는다.)

정답 ①

5 Santo Tomé

He visitado la Iglesia de Santo Tomé, donde se encuentra el famoso cuadro de El Greco.

형용사 santo는 고유명사인 남자의 이름 앞에서 -to가 탈락된다. 그러나 To- 혹은 Do-로 시작하는 남자의 이름 앞에서는 발음 때문에 이름과의 혼동을 피하기 위해 Santo의 -to를 탈락시키지 않는다. 또한 고유명사가 아닌 일반명사의 앞에서는 -to를 탈락시키지 않는다.

예

Se ha pasado todo el santo día leyendo en la cama.
(하루 종일 침대에서 책을 읽으며 보냈다.)

정답 ②

Tip!

남성 성인의 이름 앞에서 Santo의 –to를 탈락시키지 않는 경우는 발음상의 이유 때문으로, To-나 Do-로 시작되는 이름 앞에서 발음의 혼동을 피하기 위해 santo의 형태를 사용한다.

예

santo Domingo, santo Tomás,
santo Toribio

6 subirse por las paredes

Cuidado con lo que me dices, que estoy que me subo por las paredes.

'subirse por las paredes'는 "화를 내다"의 의미를 표현한다. 제시문은 "나에게 말하는 것 좀 조심해, 나 화나니까"로 해석된다. 'cuidado con ~'은 "~을 조심해라"는 의미를 표현한다. 제시문에서 명령문에 이어 동반되는 que이하의 절은 '이유'의 부사절을 표현한다.

정답 ③

7 cerca uno(a) de otro(a)

Esas dos amigas vivieron muy cerca una de otra en Alicante.

제시문은 "그 두 친구는 알리칸테에서 서로 매우 가까이 살았다"로 해석된다. 'cerca de ~'는 "~에서 가까이"라는 의미를 나타내며, "서로 가까이"를 표현하기 위해서는 cerca에 동반되는 전치사 de를 사용하여 'cerca uno de otro'로 표현한다. 이때 주어가 여성 복수이므로 'una de otra'로 여성으로 일치하여 표현할 수 있다.

예

Ellos hablan mal el uno del otro.
(그들은 서로에 대해 험담한다.)

Los dos temas no tienen nada que ver el uno con el otro.
(두 주제는 서로 전혀 관련이 없다.)

정답 ②

8 **hacerse/ponerse a alguien un nudo en la garganta**

Se me hizo un nudo en la garganta al despedirme de mi familia.

'hacerse un nudo en la garganta'는 "목이 메다"는 의미를 표현한다. 목이 메게 만든 이유가 주어로 명시적으로 나타나는 경우 'producir a alguien un nudo en la garganta'로도 표현할 수 있다. 제시문은 "가족과 작별할 때 목이 멨다"로 해석된다.

예

Cuando me oyó cantar se le hizo un nudo en la garganta.
(그는 내가 노래하는 것을 들었을 때, 목이 멨다.)

정답 ①

9 **echar una mano**

Ya sabes dónde estoy. Estoy dispuesto a echar una mano, tía.

'echar una mano'는 "도와주다"라는 의미를 표현한다. 제시문은 "내가 어디 있는지 알고 있지. 나는 도와줄 준비가 되어있어, 친구야"로 해석된다. 제시문에서 사용된 'sabes dónde estoy'의 표현은 "언제든지 내 도움이 필요하면 말하라"는 의미로 사용된다. 'tío/tía'는 "아저씨, 삼촌, 이모부, 고모부/아주머니, 숙모, 이모, 고모"등을 의미하는 단어이지만 대화에서 친구나 가까운 사이에서 부를 때도 사용된다.

정답 ①

10 **no tener pelos en la lengua**

Toni decía lo que pensaba sin hacer caso de los demás. Él no tenía pelos en la lengua.

'no tener pelos en la lengua'는 직역하면 "혀에 털을 갖고 있지 않다"로 해석되는데 이 표현은 "직설적으로 말하다, 거침없이 말하다"라는 의미를 표현한다. 제시문은 "토니는 다른 사람들을 신경 쓰지 않고 생각하는 것을 말하곤 했다. 그는 거침없이 말하곤 했다"로 해석된다.

정답 ①

1 직접목적어 + 직접목적대명사 + 동사 + (주어)

Al rey solo lo he visto un par de veces en mi vida.

제시문은 소위 '강조 구문'이다. 문장 내 요소를 강조하기 위해 문장의 가장 왼쪽, 즉 문두로 강조하고자 하는 요소를 이동하여 담화상에서 강조의 의미 효과를 나타낼 수 있다. 제시문은 "왕을 내 생에 단지 두 번 봤어"라는 의미로 해석되며 직접목적어 'al rey'를 강조하여 표현한 구문이다. 이때 강조하기 위해 문두로 이동한 요소(al rey)에 해당하는 목적대명사(lo)가 동사에 동반되어야 한다.

예

A mi hermana le he regalado el collar.
(목걸이를 바로 내 여동생에게 선물했다.)

정답 ③

2 un notición

Le llamo para darle un notición.

제시문에 사용된 명사 notición은 "빅뉴스, 놀라운 소식"을 의미하는 단어로 남성명사라는 점에 주의하자. 스페인어의 명사 가운데 접미사(sufijo)로 -ción이나 -sión이 붙는 단어들은 모두 여성명사이다(예: canción, misión 등). 그러나 notición의 경우는 접미사로 -ción이 사용된 것이 아니다. 'noticia(소식, 뉴스)'에 증대사 -ón이 붙어 만들어진 단어로 -ción으로 끝난 여성명사와는 무관하다(예: la silla-el sillón, la cuchara-el cucharón).

정답 ①

3 tanto A como B

Me encantan tanto el sabor como el olor del café.

동사 encantar는 gustar류의 동사로 동사를 뒤따르는 el sabor(맛)와 el olor(향기)가 encantar의 주어로 기능한다. 이때 제시문에서와 같이 "A뿐만 아니라 B도"의 의미를 표현하는 『tanto A como B』의 구문이 주어로 사용된 경우에는 동사를 복수형으로 일치한다는 점에 주의하자.

정답 ③

Tip!

두 명사절이 y로 등위 연결되어 있는 구문이 주어인 경우에 동사는 단수로 일치한다.

예

No le gusta que la miren y que le saquen fotos.
(그녀는 사람들이 자신을 쳐다보고 사진을 찍는 것을 좋아하지 않는다.)

4 ser + 시간표현 + cuando + 절

Fue entonces cuando consiguieron su primer y único gol, en un contraataque.

ser동사를 통해 'A는 B이다'의 의미를 표현하는 구조이다. A에 '시간'을 의미하는 'entonces(그때)'가 사용되면, B에도 이에 상응하는 동일한 '시간'의 의미가 표현되어야 한다. 따라서 제시문의 빈칸에는 "~했던 때"의 의미를 나타내는 '시간'의 접속사가 사용되어야 한다. 제시문은 "그들이 반격에서 첫 번째이자 유일한 골을 넣은 것이 바로 그때였다"로 해석된다.

예

Es aquí donde se inicia mi historia.
(나의 이야기가 시작되는 곳이 바로 여기이다.)

정답 ③

5 ¡Si + 접속법 과거(완료)!

¡Si pudiera convencerla para que vuelva a su casa...!, pero no creo que quiera hacerme caso.

『¡Si +접속법과거(완료)!』의 감탄문은 화자 자신이 바라는 것을 기원하는 구문으로 "~하면 좋을 텐데"라는 의미를 표현한다. 이때 화자가 기원하는 내용은 일반적으로 이루어지기 어려운 일이며, 이 구문에는 접속법 과거, 접속법 과거완료가 사용될 수 있다. 제시문은 "그녀가 집으로 돌아오도록 내가 설득할 수 있으면 좋으련만! 하지만 내 말에 신경을 쓸지는 모르겠어"로 해석된다. 제시문에 사용된 'hacer caso a alguien'은 "(~에게) 신경 쓰다"를 의미하는 표현이다.

정답 ③

6 **alguno/ninguno de los dos**
***alguno/ninguno de ambos**

Ninguno de los dos jugadores puede participar en la eliminatoria.

제시문은 "두 선수들 중 누구도 선발전에 참가할 수 없다"는 의미로 해석된다. 선택지에 제시된 ambos는 "양쪽, 양쪽의"라는 의미로 둘을 함께 지칭하는 어휘이다. 두 개체를 하나로 통합하여 일컫는 이 어휘는 전치사 de를 사용해 ambos 중의 일부를 나타내는 표현은 사용하지 않는다는 점에 주의하자. 즉, *cada uno de ambos, *alguno de ambos와 같은 표현은 사용하지 않는다. 그리고 sendos는 "각각 하나씩"을 의미하는 어휘로 dos나 ambos와 같은 의미로 사용할 수 없다. 따라서 제시문의 빈칸에는 los dos만이 들어갈 수 있다.

정답 ③

7 **de cabo a rabo**

Lo primero que debería hacer es comprar un buen manual sobre Internet y leerlo de cabo a rabo.

cabo는 "(물건의) 끝"을 의미하며, rabo는 "꼬리"를 의미한다. 이 어휘들을 이용한 'de cabo a rabo'는 "완벽하게"를 의미하는 표현이다. 제시문은 "제일 먼저 해야 하는 일은 인터넷에 대한 좋은 매뉴얼을 구입해서 완벽하게 읽는 것이다"로 해석된다.

정답 ①

8 **hará + 기간 + que + 주어 + 동사**

Precisamente mañana hará diez días que me llamó.

일반적으로 현재를 기준으로 "~한 지 (기간)이 되다"라는 의미를 표현하는 구조는 『hace + 기간 + que + 절』로 hacer의 직설법 현재형인 hace를 사용하여 표현한다. 그러나 "~한 지 앞으로 (기간)이 될 것이다"의 의미로 미래시점(mañana)으로부터 시간의 흐름이 해당하는 기간이 될 것이라는 표현을 위해서는 hacer동사의 미래형인 hará를 사용한다. 제시문은 "내일은 그가 내게 전화한지 정확하게 10일이 될 것이다"로 해석된다.

정답 ②

9 **ser de carne y hueso**

Es aburrido jugar al ajedrez contra el ordenador. Prefiero a alguien de carne y hueso.

carne는 "고기, 살"을 의미하며, hueso는 "뼈"를 의미한다. 'de carne y hueso'는 "살과 뼈로 되어 있는"으로 직역할 수 있으며, "다른 사람들과 똑같이 인간이 갖는 모든 경험을 느끼는"의 의미를 갖는다. 제시문은 "컴퓨터를 상대로 장기를 두는 것은 지루해. 사람과 두고 싶어"로 해석된다.

정답 ③

10 **vérselas y deseárselas**

El jurado se las ha visto y deseado para elegir al mejor grupo entre los 20 candidatos.

동사 verse와 desearse가 함께 연결되어 만들어진 표현으로 'vérselas y deseárselas'는 "(~을 하는데) 어렵고 노력이 필요하다"는 의미로 "(~을 하는데) 고생하다"로 해석될 수 있다. 이 표현에서 동사와 함께 사용된 목적대명사 las는 특정 대상을 가리키는 것이 아닌 관용적으로 동사와 함께 사용되어 강조적 의미를 표현한다.

정답 ②

Tip!

관용적으로 목적대명사가 동사와 함께 사용되어 새로운 의미를 표현하는 예로 다음과 같은 동사들이 있다.

pasárselo
(시간을 보내다)

arreglárselas
(어려움에서 벗어나기 위해 궁리하다)

cantarlas alguien claras
(돌리지 않고 분명하게 말하다)

habérselas con algo o alguien
(~와 맞서다, 말다툼하다)

pegársela a alguien
(~의 믿음을 놀리다, 조롱하다)

tomarla con alguien
(~에게 반박하다, ~를 괴롭히다)

예

Me lo he pasado muy bien.
(무척 잘 지냈다.)

Tenía que habérselas con el jefe.
(상사와 말다툼을 해야만 했다.)

1 oír(지각동사) + a alguien + 동사원형

Incluso la oí gritar a alguien por teléfono; sus voces llegaban hasta el estudio.

ver, oír, escuchar 등의 지각동사 구문은 『지각동사 + 목적어 + 동사원형』의 구조를 통해 "(누가) ~하는 것을 보다/듣다"라는 의미를 표현한다. 이때 지각동사의 목적어는 동사원형의 의미상 주어로 사용되며, 동사원형은 자신의 주어와 함께 절의 의미를 표현한다. 제시문은 "나는 그녀가 누군가에게 전화로 고함치는 소리까지 들었다. 그녀의 목소리는 서재까지 들렸다"로 해석된다. 이러한 지각동사 구문에서 목적어는 일반적으로 직접목적어로 취급하며, 제시문에서도 직접목적대명사 la를 사용한 것이다. 그러나 동사원형이 타동사로 자신의 직접목적어를 취하는 경우에는 지각동사의 목적어, 즉 동사원형의 의미상 주어는 간접목적어로 취급될 수 있다. 그러나 동사원형의 직접목적어가 사람을 가리키는 경우에는 지각동사의 목적어를 se로 바꾸지 못한다.

예

Vi a Juan limpiarlo. → Se lo vi limpiar.
(후안이 그것을 닦는 것을 보았다.)

Oyó a Marta insultar a su amigo. → *Se lo oyó insultar.
(마르타가 친구를 욕하는 것을 들었다.)

정답 ①

2 decir + que + 직설법/접속법

Anoche me olvidé de decirle que me trajera la esterilla de yoga.

동사 decir는 "말하다"라는 의미뿐만 아니라 "명령하다"의 의미를 갖는다. 단순히 의견을 말하고 의사소통을 한다는 의미인 경우에는 동사의 목적어로 기능하는 명사절에 직설법 동사가 사용된다. 하지만 decir동사가 que이하의 일을 하라고 명령하다의 의미를 표현하는 경우에는 명사절 내에 접속법 동사가 사용되어야 한다. 제시문은 "어젯밤에 그녀에게 요가 매트를 가져오라고 말하는 것을 잊었어"로 해석된다. 따라서 decir에는 명령의 의미가 담겨져 있고 decir의 목적어로 기능하는 명사절에는 접속법 동사를 사용해야 한다. 그리고 주절동사의 시제가 과거이기 때문에 명사절 내에는 과거를 기준으로 미래에 일어날 일을 표현하기 위해 접속법 과거가 사용되어야 한다.

정답 ③

3 **tanto A como B**

Compartir coche hasta tu destino puede ser una opción tanto económica como ecológicamente más eficiente.

『tanto A como B』는 "A뿐만 아니라 B도"를 의미하는 등위 연결의 접속사이다. 두 개의 -mente형 부사를 접속사 y로 등위 연결하는 경우, 첫 번째 부사의 -mente를 생략하고 표현한다. 이와 동일하게 'tanto A como B'의 구조에서도 A와 B에 모두 mente형 부사를 사용하는 경우, A에 나타나는 -mente형 부사는 mente를 생략하고 형용사의 여성형으로 표현한다. 제시문은 "너의 목적지까지 차를 함께 타는 것은 경제적으로나 환경적으로나 더 효율적인 하나의 대안이 될 수 있다"로 해석된다.

정답 ②

Tip!

"A뿐만 아니라 B도"의 의미를 표현하는 『tanto A como B』의 구조에서는 A에 형용사나 부사가 사용되어도 tanto의 형태에는 변화가 없다는 점에 주의하자. 그러나 "너무 ~해서 ~하다"의 의미를 표현하는 『tanto ~ que + 절』의 결과구문이나 "A는 B만큼 ~하다"의 의미를 표현하는 『A ... tanto ~ como B』의 동등비교구문에서는 tanto와 함께 형용사나 부사가 사용될 때 tan의 형태로 사용된다.

예

Todo sucedió tan rápido que no recuerdo los detalles.
(모든 일이 너무 빨리 벌어져서 세부사항은 기억나지 않는다.)

Juan es tan simpático como Luis.
(후안은 루이스만큼 친절하다.)

4 con + 주어 + 술어

Con la niña enferma no podremos salir de viaje.

『con + 주어 + 술어』의 구조는 소위 절대구문(construcciones absolutas)으로 분사구문과 동일하게 주절의 의미에 따라 조건, 이유 등의 다양한 의미의 부사절로 해석될 수 있다. con을 이용한 이러한 절대구문에서는 술어로 나타나는 형용사에 제약이 있다는 점을 주의하자. 일반적으로 estar동사와 함께 사용될 수 있는 형용사가 이 구문의 술어로 나타날 수 있으며, ser동사와 함께 사용되는 형용사는 이 구문의 술어로 사용될 수 없다. 따라서, inteligente, prudente, español, capaz, socialista 등과 같이 ser동사와 함께 사용되는 형용사는 술어로 사용될 수 없고, ausente, contento, presente, enfadado, vacío 등과 같이 estar동사와 함께 사용되는 형용사가 이 구문의 술어로 사용될 수 있다. 즉, 변화하는 상태를 표현하는 형용사들이 『con + 주어 + 술어』 구문의 술어로 사용될 수 있다. 제시문은 "아이가 아파서 우리는 여행을 갈 수 없을 것이다"로 해석된다.

정답 ①

5 No me digas que + 직설법

¡No me digas que estás a régimen!

평서문에서는 'decir(말하다)'동사가 no decir의 부정문 형태로 que이하의 명사절을 이끄는 경우, 명사절의 내용이 실제 벌어지지 않았다거나 혹은 확인되지 않은 내용인 경우 동사는 접속법으로 나타난다(No me dijo que ya hubiera terminado las tareas.). 그러나 no decir가 명령문으로 사용되는 경우는 주절 동사가 que이하의 명사절의 내용에 영향(influencia)을 주지 않기 때문에 명사절의 동사는 직설법으로 사용된다. 제시문에서 사용된 'no me digas que ~'는 직역하면 "내게 ~라는 말하지 마"로 해석되는데, 놀라움의 뉘앙스를 담아 "너 설마 ~인 것은 아니지"의 의미를 표현할 수 있다. 제시문은 "너 설마 다이어트 중인 건 아니겠지"로 해석된다. 단, 목적어 기능의 명사절을 이끄는 동사 decir가 "명령하다"의 의미로 사용되는 경우에는 명령문으로 사용되어도 "~하라고 명령하지 마라"라는 의미로 종속절에 영향을 주기 때문에 종속절에 접속법 동사가 사용된다는 점에 유의하자.

예

No le digas que estoy enfadado con él.
(내가 그에게 화가 나 있다고 그에게 말하지 마.)

No le digas que haga la cama.
(그에게 잠자리를 정리하라고 시키지 마.)

정답 ③

6 ser una tumba

A: Oye, no se te ocurra decirle a mi esposa que me han despedido del trabajo.

B: Claro, no te preocupes. Sabes que soy una tumba.

'tumba'는 "무덤, 묘"의 의미를 갖는 여성명사이다. 'ser una tumba'는 "비밀을 지키다, 과묵하다"의 의미를 나타내는 표현이다. 제시문의 대화는 "내 아내에게 내가 직장에서 해고당했다고 말하지 마"라는 A의 말에 B가 "그럼, 걱정 마. 나 입 무거운 거 알잖아"로 A를 안심시키는 상황이다. 제시문에 사용된 'no se te ocurra'는 "~할 생각은 하지 마"라는 의미로 ocurrirse가 "(갑작스럽게) 어떤 생각을 하다, 아이디어가 떠오르다"라는 의미를 표현한다. 선택지 ②의 una cotorra를 사용한 'ser una cotorra'는 "말이 많은 사람이다"를 의미하고, 선택지 ③의 un bocazas를 사용한 'ser un bocazas'는 "(신중하지 않게) 하지 말아야 할 말을 하는 사람이다"라는 의미를 표현한다.

정답 ①

7 tener mala pata

Lo que pasa es que ha tenido la mala pata de deslizarse en el baño y torcerse un tobillo.

'mala pata'는 "불행, 불운(mala suerte)"를 의미하는 표현으로 'tener mala pata'는 "운이 나쁘다, 운수가 사납다"를 의미한다. 제시문에서는 '욕실에서 미끄러져서(deslizarse) 발목을 삐는(torcerse)' 일을 가리키는 것으로 운이 나빴다는 의미를 표현해야 한다. 선택지 ②의 malas pulgas를 사용한 'tener malas pulgas'는 "성격이 좋지 않다, 기분이 좋지 않다"는 의미를 표현하며, 선택지 ③의 mano izquierda를 이용한 'tener mano izquierda'는 "문제 해결 능력을 갖고 있다"는 의미를 나타낸다.

정답 ①

8 ver + a alguien + 과거분사

Juan la vio sentada en un banco de madera, al pie del túnel de rosas.

지각동사 ver는 『ver + 목적어 + 목적어 술어』의 구조를 통해 "~가 ~하는 것을 보다"는 의미를 표현한다. 이때 목적어의 술어는 동사원형, 과거분사, 현재분사등이 사용될 수 있다. 제시문에서는 "그녀가 나무 벤치에 앉아 있는 것을 보았다"는 의미를 표현해야 하는 것으로 문장으로는 'Ella estaba sentada.'에 해당한다. 따라서 목적어(la)의 술어를 표현하기 위해서는 목적어에 성, 수를 일치한 과거분사 여성 단수형 sentada가 사용되어야 한다.

예

Lo vi tumbado en el suelo.
(나는 그가 바닥에 드러 누워 있는 것을 보았다.)

정답 ②

9 una de + 명사 + que + 결과문

Tengo una de problemas que no me doy tiempo para mi familia.

부정관사 여성 단수인 una를 이용한 『una de + 명사』는 "많은 양의 ~, 많은 수의 ~"라는 의미를 표현한다. 즉, 여성관사는 una gran cantidad을 가리키는 것으로 이해할 수 있다. 이때 『una de + 명사』의 구조는 que 이하의 결과문을 동반하여 결과구문을 형성할 수 있으며, "너무 많은 양(수)의 ~로 ~하다"의 의미를 표현하게 된다. 제시문은 "너무 많은 문제가 있어서 내 가족을 위해 시간을 낼 수가 없다"로 해석된다.

정답 ①

10 si + 접속법 과거, 가정미래

Y lo bien que te lo pasarías si no pensaras que te están mirando.

『si + 접속법 과거, 가정미래』는 "~라면 ~할 텐데"의 의미를 표현하는 가정문의 구조로, 현재 상황의 반대되는 가정을 통해 현재 이루지 못하는 일에 대한 아쉬움을 표현한다. 제시문에서는 "네가 다른 사람들이 너를 쳐다본다고 생각하지 않으면 정말 잘 지낼 수 있을 텐데"라는 의미를 표현하고 있다. 따라서 귀결절의 빈칸에는 동사의 가정미래형이 사용되어야 하며, pasárselo(시간을 보내다)의 동사 2인칭 단수의 가정미래형 pasarías가 정답이다. pasárselo의 lo는 관용적으로 동사에 붙여 사용하는 중성대명사로 "보내는 시간"을 가리키는 것이다. 제시문에서 귀결절에 사용된 『lo + 부사 + que + 절』은 부사의 정도(grado)를 강조하여 표현하는 감탄문의 구조를 이룬다. 'lo bien que te lo pasarías'는 "네가 얼마나 잘 지낼 텐데"의 의미를 나타낸다.

정답 ③

Prueba 18

1 ¿En qué curso estás?

A: ¿En qué curso estás?
B: Estoy en el último año de la preparatoria.

'¿En qué curso estás?'는 "몇 학년이니?"를 의미하는 표현이며, '¿En qué año estás?'로 표현할 수도 있다. 또한 동사 ir를 사용해 '¿En qué año vas?'로 표현하기도 한다. 이와 같이 수를 묻는 질문에 한국어는 기수와 서수 모두 "몇"으로 묻지만, 스페인어는 서수의 답에 대한 질문은 의문사 qué를 사용한다.

예

A: ¿En qué planta vive Juan?
(후안은 몇 층에 사니?)

B: En la tercera planta.
(3층에 살아.)

정답 ①

2 전치사 para

A: ¿Cómo está Antonio?
B: Bastante bien para lo mal que lo ha pasado.

제시문은 "안토니오는 어떻게 지내?"라는 질문에 "안 좋은 일이 있었던 것에 비하면 상당히 잘 지내"로 답하는 상황이다. 제시문에서는 전치사 para가 두 사실에 대해 비교하면서 두 사실이 서로 균형 잡히지 않았음을 표현하는 용법으로 사용된 것이다. 이때 para는 "~치고는, ~에 비해"의 의미를 표현한다.

예

Parece muy joven para su edad.
(그는 나이에 비해 매우 젊어 보인다.)

정답 ③

3 a lo + 고유명사

Ese niño baila a lo Michael Jackson y sabe tocar la guitarra.

『a lo + 고유명사』의 구조는 "~ 방식으로"를 의미하는 표현이다. 이 구조에서 고유명사에 사람의 이름이 사용되는 경우, 그 사람이 갖는 특징을 가리킨다. 제시문에서는 "마이클잭슨이 춤추는 방식으로 춤을 춘다"는 의미를 표현하는 것이다.

예

Ella quiere maquillarse a lo Penélope Cruz.
(그녀는 페넬로페 크루스가 하듯이 메이크업하기를 원한다.)

정답 ②

4 tan + 형용사/부사 + que + 절

Estoy tan cansado que lo único que me apetece es irme a la cama.

『tan + 형용사/부사 + que + 절』의 구조는 "너무 ~하여 ~하다"의 의미를 표현하는 결과구문이다. 이때 형용사나 부사를 수식하는 경우 tanto의 -to를 탈락시킨다. 명사를 수식하는 경우에는 명사의 성과 수에 일치하여 tanto(s), tanta(s)로 표현한다. 제시문은 "너무 피곤해서 내가 원하는 유일한 것은 자러 가는 것이다"의 의미로 해석된다.

예

Había tanta gente que apenas podía caminar.
(사람들이 너무 많아서 거의 걸을 수가 없었다.)

정답 ①

5 Cuanto más/menos ~, tanto más/menos

Cuanto más cansada estoy, más me cuesta dormir.

『cuanto más/menos ~, tanto más/menos ~』는 "~하면 할수록 더(덜) ~하다"는 의미를 표현하며 tanto는 생략할 수 있다. 이 구문에서 사용된 cuanto는 más/menos의 표현의 뒤에 명사를 동반하는 경우에는 명사의 성과 수에 일치해야 한다. 그리고 más/menos에 이어 형용사나 부사를 동반할 때 cuanto의 형태는 변화하지 않는다. 제시문은 "나는 피곤하면 할수록 잠을 이루기가 더 힘들다"로 해석된다.

예

Cuantas más veces lo leas, mejor lo entenderás.
(네가 그것을 여러 번 읽으면 읽을수록 더 잘 이해하게 될 거야.)

정답 ②

6 entender que + 직설법/접속법

Entiendo que te moleste comer con ellos.

동사 entender는 일반적으로 "이해하다, 알다"의 의미를 나타내며 이 경우 que이하의 목적어 기능의 명사절에는 직설법 동사가 사용된다. 그러나 이 동사는 "(상대방의 감정에) 공감하다"의 의미도 갖고 있으며 이 경우에는 명사절 내에 접속법 동사가 사용된다. 즉, entender 동사는 종속절에 직설법과 접속법을 모두 취할 수 있는 동사이다. 제시문에서는 que이하의 절에서 동사가 접속법 형태로 사용되었으며 이러한 명사절을 선택할 수 있는 주절 동사는 entender만이 가능하다.

정답 ③

7 de pe a pa

Se lo he contado todo de pe a pa.

'de pe a pa'는 "처음부터 끝까지, 전부, 완전히(enteramente)"를 의미하는 표현이다. 유사한 의미의 표현으로 'de cabo a rabo', 'de la A a la Z' 등이 있다.

정답 ①

8 **tirar piedras {sobre/contra/a} su propio tejado**

Él ha tirado piedras a su propio tejado con esta entrevista, ya que ha creado desconfianza a sus seguidores.

'tirar piedras {sobre/contra/a} su propio tejado'는 직역하면 "자기 집 지붕에 돌을 던지다"라는 의미이며, 이 표현은 "자신이 한 일이 결과적으로는 자신에게 좋지 않게 작용하다"라는 의미로, 우리말의 "제 손으로 제 눈을 찌르다. 제 손으로 제 무덤을 파다"등과 유사한 의미를 나타낸다. 제시문은 "그가 한 인터뷰는 팬들의 불신을 만들었기에 결과적으로 제 무덤을 판 격이 되었다"로 해석된다.

정답 ①

9 **el día que + 절**
el día en (el) que + 절

Antonio se ofreció para llevarlo al aeropuerto el día que se fuera.

제시문에서와 같이 el día라는 시간을 나타내는 선행사를 관계절로 수식하여 "~하는 날"이라는 의미를 표현하는 구문에서 전치사 en이 생략된 que로 수식하는 구문이 가능하다. 단, 해당하는 선행사가 관계절 내에서 전치사 없이 문장을 구성할 수 있는 경우에만 전치사의 생략이 가능하다. 다시 말해, 'se fuera el día(그 날에 떠나다)'로 문장이 완성될 수 있기 때문에 관계사에 전치사의 생략이 가능하다. 반면에, 'En el momento en que hierve el agua se agregan los fideos. (물이 끓는 순간에 국수를 넣는다)'와 같은 경우는 관계사가 반드시 전치사 en을 동반해야 한다. 이는 *hierve el agua el momento와 같이 el momento가 전치사 en이 없이는 문장을 구성할 수 없기 때문이다. 따라서 선행사로 el momento가 나타나는 경우에는 관계사에 전치사 en이 사용되어야 한다.

정답 ①

10 **no levantar cabeza**

Cuando enfermó y no levantaba cabeza, venía a verlo una vez por semana.

'no levantar cabeza'는 "병이 재발하고 회복하지 못하다", "가난을 면치 못하다", "일이 많다" 등의 의미로 사용되는 표현이다. 제시문에 사용된 동사 enfermar는 "병이 들다"의 의미로, "그가 병이 들어 회복되지 않은 상태였을 때, 그를 일주일에 한 번씩 보러 왔다"로 해석된다. volver동사를 이용한 『volver la cabeza a algo』의 표현은 "(~을) 고려하다, 신경 쓰다, 돌아보다" 등의 의미를 표현할 수 있다.

정답 ③

Tip!

빈도를 표현할 때, "~당"의 의미를 나타내는 것은 전치사 por나 a를 사용할 수 있다. 단, por의 경우는 정관사를 동반하지 않고 a는 정관사를 동반한다.

예

Voy al gimnasio dos veces {por semana/ a la semana}.
(나는 일주일에 두 번 체육관에 간다.)

Repaso 2

1. Un diez por ciento de los turistas ______ cansados.

① llegó
② llegas
③ llegaron
☞ Prueba 12-4

2. Me arrepiento de no ______ mejor.

① haberte conocido
② te haber conocido
③ haber conocido a ti
☞ Prueba 10-2

3. Si hubieras trabajado mucho, ahora ______ comprar esa casa.

① podrás
② podrías
③ habrías podido
☞ Prueba 12-8

4. Mi madre canta igual de bien ______ esa cantante.

① a
② que
③ como
☞ Prueba 11-4

5. No le ______ que la miren y que le saquen fotos.

① gusta
② gusto
③ gustan
☞ Prueba 16-3

6. Me ha costado mil y ______ euros.

① uno
② cien
③ pico
☞ Prueba 11-8

7. Esta puerta es de madera ______ hierro.

① e
② y
③ u
☞ Prueba 12-3

8. No me da buen rollo la chica ______.

① esa
② mío
③ ello
☞ Prueba 13-4

9. Los dos temas no tienen nada que ver el uno ______ el otro.

① en
② con
③ hasta
☞ Prueba 15-7

10. Ella quiere maquillarse a ______ Penélope Cruz.

① la
② lo
③ una
☞ Prueba 18-3

Prueba 19

Gramática y expresiones

1 ni que + 접속법 과거

A: A nuestra edad encontrar un trabajo es cada vez más difícil.
B: ¡Ni que tuviéramos sesenta años!

'ni que'는 'como si' 구문과 같이 "마치 ~인 것처럼"을 의미하는 표현으로 접속법 과거형의 동사와 함께 사용된다. ni que는 어떤 사실을 부정하면서 불평이나 비난하는 뉘앙스로 "(실제는 그렇지 않으면서) ~인 것처럼"이라는 의미를 표현하는 것이다. 제시문에서는 "우리 나이에 일자리를 찾는 건 점점 더 어려워"라는 A의 말에 B가 "무슨 나이 육십이나 먹은 것처럼 말하네"라고 상대의 말을 부정하는 의미로 ni que를 사용한 것이다.

정답 ③

2 saber {qué/lo que} le ocurrió

Ella no sabía qué le ocurrió a su marido.

saber동사의 목적어로 기능하는 명사절을 완성하는 문항이다. 제시문은 "그녀는 자기 남편에게 무슨 일이 벌어졌는지 모르고 있었다"는 의미로 해석된다. 이때 종속절의 동사 ocurrir의 주어가 종속절 내에 나타나지 않기 때문에 의문사 qué가 ocurrir의 주어로 기능하여 "그에게 무슨 일이 발생했는지"라는 의미의 명사절을 형성할 수 있다. 또한 선행사를 포함하는 관계대명사 lo que를 사용하여 lo que le ocurrió로 "그에게 발생한 일"이라는 의미를 표현할 수도 있다.

정답 ②

3 menos mal que + 직설법

La habitación era pequeña y muy sucia, pero menos mal que estaba cerca de la boca de metro.

'menos mal'은 "(그나마) 다행이다"를 의미하는 표현이다. 더 안 좋을 수도 있었던 일이 긍정적인 결과로 나타난 것에 대해 안도하는 표현이다. 'menos mal que'는 "~해서 다행이다"의 의미를 표현하며 que 이하의 절에는 직설법 동사가 사용된다.

정답 ②

4 ser + 주어 + quien + 동사

A: Oye, ¿qué hago?
B: Tienes que ser tú quien decida.

『ser + 주어 + quien + 동사』의 구조는 "~하는 사람은 바로 (주어)이다"의 의미를 표현하는 구문으로 ser동사의 뒤에 주어가 위치하여 주어를 강조하여 표현한다. 따라서 ser동사는 뒤따르는 주어에 일치해야 한다. 제시문에서는 "나 어떡하지?"라는 A의 질문에 B가 "결정하는 사람은 너여야 해"라고 답하는 상황으로 동사구 tener que ser가 사용되어야 하며 tener 동사가 2인칭 단수로 주어 tú와 일치해야 한다.

정답 ③

5 venir a que + 접속법

A: ¿A qué ha venido Carlota?
B: A que le prepare la cena.

'목적'의 부사절을 이끄는 접속사는 para que, con el fin de que, con la intención de que 등이 있으며 "~하도록, ~할 목적으로"의 의미를 나타낸다. 그리고 주절의 동사가 ir, venir, llegar, salir, volver 등과 같은 움직임의 동사인 경우에는 '목적'의 의미를 전치사 a로 표현하기 때문에 이러한 동사들에 동반된 접속사 a que는 '목적'의 부사절을 형성하는 것이다. '목적'의 부사절에는 항상 접속법 동사가 사용되기 때문에, prepare가 사용된 것이다.

정답 ②

6 ni que decir tiene

Ni que decir tiene que estuve totalmente de acuerdo con usted.

'ni que decir tiene'는 'no hace falta decir(lo)'와 같은 의미로 "말할 필요도 없다, 분명하다, 명백하다"는 의미를 표현한다. 따라서 제시문에서와 같이 ni que decir tiene que이하에는 직설법 동사가 사용된다. 제시문은 "나는 분명히 당신의 의견에 전적으로 동의했다"로 해석된다.

정답 ②

7 parece cierto que + 직설법

Parece cierto que va a subir el precio del tabaco.

『parece + 형용사 + que + 절』의 구조는 parecer가 3인칭 단수의 비인칭동사로 다양한 형용사와 함께 사용되어 que 이하의 절이 나타내는 내용에 대해 가치 판단(juicio de valor)을 하는 구문이다. 이 구문에서 parecer동사는 ser나 estar와 같은 계사(verbo copulativo)와 유사하게 사용된 것이다. 따라서 사용된 형용사가 '사실', '진실', '확신' 등을 의미하는 cierto, obvio, seguro 등과 함께 사용되는 경우, 뒤따르는 주어 기능의 명사절에는 직설법이 사용된다.

예

Parece seguro que van a lanzar un nuevo producto.
(그들이 신상품을 런칭할 것이라는 것은 확실한 것 같다.)

정답 ①

8 no soportar que + 접속법

No soporto que me digan lo que tengo que hacer.

'no soportar'는 "참을 수 없다"는 의미로 "짜증난다, 화난다"는 의미의 '감정'을 나타내는 동사에 포함된다. 따라서 no soportar, no aguantar가 선택하는 목적어 기능의 명사절 내에는 접속법 동사가 사용된다. 제시문은 "나는 사람들이 내가 해야만 하는 일을 말하는 것이 짜증난다"는 의미로 해석된다.

예

No puedo aguantar que compares lo nuestro con lo suyo.
(네가 우리들의 것을 그의 것과 비교하는 것을 참을 수가 없다.)

정답 ②

9 ¿의문사 + creer + que + 절?

¿Qué crees que es lo primero que pensé?

creer동사가 명사절을 선택하는 구문에서 의문사의 위치를 이해해야 하는 문항이다. 목적어 기능의 명사절 내에 질문하고자 하는 요소가 있는 경우, 이 요소에 해당하는 의문사는 문장의 맨 앞에 위치해야 한다. 따라서 제시문의 빈칸에 들어갈 의문사는 que이하의 명사절 내에서 그 의미 해석이 이루어져야 한다는 점에 주의하자. 제시문은 "내가 첫 번째로 생각했던 것이 무엇이라고 생각하니?"의 의미를 표현한다. ¿Qué es lo primero que pensé?의 의문사 Qué가 creer동사의 앞, 즉 문두에 사용되어야 하는 것이다. 그러나 주절 동사가 의문문을 취할 수 있는 동사인 경우-예를 들어 preguntar, saber 등-에는 종속절 내의 의문사는 문두로 이동하지 않고 종속절 내에서 표현된다.

예

¿Qué piensas que están haciendo?
(그들이 뭐하고 있다고 생각하니?)

Me pregunto dónde está Victoria.
(나는 빅토리아가 어디에 있는지 궁금하다.)

¿Sabes qué se puede hacer por aquí?
(사람들이 여기에서 무엇을 할 수 있는지 아니?)

정답 ①

10 estar hecho(a)(s) polvo

Tras el partido de ayer, los jugadores estaban hechos polvo.

'estar hecho polvo'는 "지치다, 기력이 없다"는 의미를 표현한다. 이때 hecho polvo는 'hacerse polvo'를 의미하며, hecho는 주어의 술어로서 주어의 성과 수에 일치하는 형용사로 사용된 것이다. 따라서 제시문의 주어 los jugadores에 일치한 남성 복수형 hechos가 올바른 형태이다.

정답 ②

1 siempre y cuando + 접속법

Te dejaré ir siempre y cuando apruebes el examen.

'siempre y cuando'는 "~라면, ~라는 조건으로"을 의미하는 '조건'의 부사절을 이끄는 접속사이다. 따라서 이 접속사에 동반되는 부사절에는 접속법 동사가 사용되며, 현재와 미래에 대한 조건은 접속법 현재형으로 표현하고 과거를 기준으로 앞으로의 조건은 접속법 과거형으로 표현한다.

정답 ②

2 간접목적대명사 + operar + 신체부위 + (a alguien)

Le operaron la nariz a Marta.

제시문은 "마르타의 코를 수술했다"는 의미를 표현하는 문장이다. 이러한 문장에서 신체부위 명사에는 정관사를 사용하며 소유사를 사용하지 않는다. 신체부위는 Marta라는 소유주(poseedor)의 신체 일부에 해당하며 operar라는 행위가 이루어질 때 그 영향은 소유주 전체에 영향을 준다. 스페인어에서는 이러한 행동 혹은 사건이 이루어질 때 그 영향을 받는 전체, 즉, 소유주를 간접목적대명사(le)로 표현한다. 따라서 간접목적대명사 le는 nariz의 소유주임을 나타내고, operar la nariz라는 행위가 이루어질 때 그 영향을 받는 대상을 나타내는 기능을 갖고 있다. 이러한 구문에서는 간접목적대명사가 필수적으로 나타나야하는 요소이다.

예

Juana le lavó la cara al niño.
(후아나는 아이의 얼굴을 씻겼다.)

정답 ②

3 considerar + 목적어 + 목적어 술어

A: Juan considera a Marta inteligente.
B: Yo no lo considero.

considerar동사는 절의 의미를 목적어로 취할 수 있는 동사이다. 제시문에서 'a María inteligente'는 『목적어 + 목적어 술어』의 구조로 "마리아가 똑똑하다"라는 절의 의미를 표현한다. 즉, considerar동사를 이용해 *Juan considera a Marta.로 표현하는 것은 틀린 문장이며, 이 동사에 동반되는 요소는 "~가 ~하다"라는 의미의 절의 의미를 갖는 표현이어야 한다. 제시문은 A의 "후안은 마리아가 똑똑하다고 생각해"라는 말에 B가 "나는 그렇게 생각하지 않아"라고 답하는 상황이다. 따라서 빈칸에는 절의 의미를 대신하는 요소로서 중성대명사 lo가 사용되어야 한다.

정답 ②

4 Eso pienso yo.

A: Lo importante es que tú y yo nos llevemos bien.
B: Eso pienso yo.

중성대명사의 사용을 묻는 문항이다. 중성대명사 eso와 ello는 모두 어떤 사실, 개념, 앞 문장의 내용을 받기 위해 사용될 수 있다. 단, 두 대명사는 사용에 있어 차이가 있다. ello는 주어나 전치사의 목적어로는 사용될 수 있지만 동사의 직접목적어로는 사용될 수 없다. 반면, eso는 주어, 직접목적어, 전치사의 목적어로 모두 사용될 수 있다. 제시문은 "너와 내가 잘 지내는 것이 중요해"라는 상대의 말에 "나도 그렇게 생각해"라고 답하는 상황이다. pienso 앞에는 동사의 직접목적어로 상대방이 언급한 말을 받는 중성대명사가 들어가야 한다. 따라서 eso만이 빈칸에 들어갈 수 있다. 'Eso pienso yo'에서는 직접목적어 eso를 강조해서 표현하기 위해 『목적어 + 동사 + 주어』의 어순을 사용한 것이다. 따라서 동사의 직접목적어로 사용될 수 없는 ello는 빈칸에 들어갈 수 없다.

예

Hay que pensar más en {ello/eso}.
(그것을 더 생각해야만 한다.)

{Ello/Eso} no le sirve para nada.
(그것은 그에게 아무 쓸모가 없다.)

정답 ①

5 **por poco + 직설법 현재**

Al presenciar el accidente, por poco me desmayo del susto.

부사구 por poco는 동사의 앞에서 "막 ~할 뻔 하다"의 의미를 표현하며, 실제로 그런 일이 벌어지지는 않은 상황을 표현한다. 이 표현은 과거의 일을 이야기할 때에도 지금 일어나고 있는 일인 것처럼 언급하여 항상 직설법 현재의 동사와 함께 사용된다. 제시문에 사용된 desmayarse는 "기절하다"를 의미하는 동사이다.

예

Por poco se me olvida.
(하마터면 잊어버릴 뻔 했다.)

¡Uy, por poco se rompe el casco!
(앗! 헬멧이 부서질 뻔 했다.)

정답 ①

6 **mucho(a)(s) más + 명사**

Tendrías muchas más posibilidades que las que has tenido hasta ahora.

'mucho más ~'는 "훨씬 더"을 의미하는 표현이다. 이 표현이 명사를 동반하는 경우에 mucho는 형용사로 수식하는 명사의 성과 수에 일치해야 한다. 반면 형용사나 부사를 수식하는 경우에는 부사로 mucho의 형태에 변화가 없다. 제시문은 "너는 지금까지 가졌던 것보다 훨씬 더 많은 가능성을 갖게 될 거야"로 해석된다.

예

Se remontaba a tiempos mucho más antiguos.
(훨씬 더 옛날로 거슬러 올라갔다.)

Hablaba mucho más lento.
(훨씬 더 천천히 말하고 있었다.)

정답 ③

7 ¡Cuán + {형용사/부사} + 동사 + 주어!

¡Cuán cerca está la playa de aquí!

감탄사 cuánto의 사용을 묻는 문항이다. 감탄문에서 사용되는 감탄사 cuánto는 "얼마나, 정말로"로 의미를 표현한다. 의문사와 동일한 형태를 갖고 있는 감탄사 cuánto는 형용사나 부사를 동반하면 -to가 탈락되며, 명사를 동반하는 경우에는 명사의 성과 수에 일치한다. 제시문에서는 부사 cerca의 앞에 사용되어 cuán의 형태로 사용된다.

정답 ①

8 lo que más me gusta + ser + 동사원형

Lo que más me gustó de Toledo fue hospedarme en el parador.

'lo que más me gustó'는 "가장 내 마음에 들었던 것"이라는 의미를 표현한다. 『lo que más me gusta + ser + 동사원형』의 구조를 주어로 하여 ser동사의 보어로 나타나는 동사원형은 의미상의 주어가 yo이다. 따라서 동사원형이 재귀동사인 경우에는 재귀대명사를 1인칭 단수로 일치해야 한다. 또한 ser동사의 보어로 yo와는 다른 주어를 표현하는 경우에는 『lo que más me gusta + ser + que + 주어 + 동사』의 구조로 표현한다.

예

Lo que más me gusta es que hace buen tiempo.
(가장 내 마음에 드는 것은 날씨가 좋은 것이다.)

정답 ②

9 sin decir ni pío

Todo el día la niña estaba callada sin decir ni pío.

pío는 새, 조류의 새끼가 우는 소리를 나타내는 말로 "삐약삐약, 짹짹"과 같은 소리를 나타내는 의성어(onomatopeya)이다. 이 어휘를 이용한 'sin decir ni pío'는 "아무 말도 하지 않다, 한마디도 하지 않다"는 의미를 표현한다. 같은 의미로 소가 우는 소리인 "음매"를 나타내는 의성어 'mu'를 이용한 'sin decir ni mu'의 표현도 사용된다. 선택지의 'guau'는 개가 짖는 소리로 "멍멍"을 나타내며, 'miau'는 고양이가 우는 소리인 "야옹"을 나타낸다.

정답 ①

10 cada dos por tres

Julia charlaba con su amiga Carlota muy a menudo. La visitaba cada dos por tres.

'cada dos por tres'는 "자주, 빈번하게"를 의미하는 표현이다. 제시문은 "훌리아는 친구 카를로타와 굉장히 자주 수다를 떨곤 했다. 그녀를 자주 찾아가곤 했다"로 해석된다. dos por tres를 이용한 다른 표현으로 'en un dos por tres'는 "빨리"를 의미하는 표현이다.

정답 ③

Nota

Prueba 21

Gramática y expresiones

1 ser mío

Este coche no es mío.

"나의 것이다"라는 소유의 의미를 표현하기 위해서는 소유대명사 mío를 사용하여 'es mío(a)'로 표현한다. 이때 1인칭, 2인칭 단수의 경우는 es mío, es tuyo로 표현하는 것은 가능하지만 'ser de ~'를 사용해 *es de mí, *es de ti로 전치격 인칭대명사(mí, ti)를 사용하는 것은 불가능하다. 그 외의 인칭은 전치격으로 표현하는 것이 가능하다.

예

Este coche no es de él.
(이 자동차는 그의 것이 아니다.)

Este lápiz es de Ud.
(이 연필은 당신 것이다.)

정답 ②

2 hasta tú - hasta ti

Espero que este mensaje llegue hasta ti.

전치사에 동반되는 인칭대명사는 전치격 인칭대명사 형태를 사용해야 한다. 전치사 hasta는 "(시간, 장소, 수량에 대해) ~까지"를 의미한다. 반면, hasta가 부사로 사용되면 "~조차도, ~까지도"를 의미하며 이 경우 인칭대명사는 주격 인칭대명사로 사용한다는 점에 유의하자. 제시문은 "이 메시지가 네가 있는 곳까지 도착하기를 바란다"라는 의미를 표현하여, '장소'의 "~까지"를 가리키는 의미로 사용된 것이다. 따라서 전치격 인칭대명사 ti가 사용되어야 한다.

예

Hasta tú, te has olvidado de mí.
(너마저도 나를 잊었구나.)

정답 ②

3 uno por ciento - veintiuno por ciento

Debe decirse uno por ciento, veintiuno por ciento, puesto que el numeral *uno* solo se apocopa ante determinado tipo de sustantivos, y *por* es una preposición.

"퍼센트"를 나타내는 por ciento 앞에 사용되는 기수의 형태를 묻는 문항이다. 기수 uno는 명사의 앞에서 -o가 탈락된다. 그러나 por ciento는 전치사구로 그 앞에 사용되는 uno는 -o가 탈락되지 않는다는 점에 유의하자. 단어의 어미가 탈락되는 현상을 apócope라고 부르며, 제시문에 사용된 동사 apocoparse는 "단어의 어미가 탈락되다"를 의미한다.

정답 ③

4 llevarse algo consigo

María se llevó la maleta consigo porque no había nadie a su alrededor.

제시문은 "마리아의 주변에 아무도 없었기 때문에 가방을 직접 가지고 갔다"는 의미를 표현한다. 여기에서 전치사 con과 3인칭 단수의 재귀대명사 전치격 sí가 합쳐진 형태인 consigo는 "스스로, 손수, 직접"의 의미를 표현하며, 동사 llevarse와 함께 "직접 가지고 가다"를 의미한다.

정답 ①

5 siempre que + 직설법/접속법

Siempre que necesita dinero me llama a mí, no a sus padres.

'시간'의 부사절을 이끄는 접속사 siempre que는 "~할 때면 언제나"를 의미한다. 이 접속사에 동반되는 절의 내용이 항상 벌어지고 있는 일인 경우에는 직설법 동사가 사용되며, 앞으로 미래에 벌어질 일이라면 접속법 동사가 사용된다. 제시문에서 'me llama a mí'가 현재 벌어지고 있는 일이므로 직설법 동사가 사용되어야 한다. 동일한 의미로 접속사 cada vez que를 사용할 수 있다. 또한 siempre que는 '조건'의 부사절을 이끄는 접속사로도 사용될 수 있으며 그 경우에는 항상 접속법 동사가 사용된다.

예

Siempre que conduzcas, usa el cinturón de seguridad.
(네가 운전을 한다면, 안전띠를 매라.)

정답 ③

6 devolver + 목적어 + 목적어 술어

Le presté las camisas a mi hermano. Y me las devolvió sucias.

제시문은 "내 동생에게 셔츠를 빌려주었다. 그런데 셔츠를 더럽게 돌려주었다"는 의미로 해석된다. 여기에서 '셔츠를 더럽게 돌려주었다'는 것은 풀어서 표현하면 '셔츠를 돌려주었는데, 셔츠가 더러운 상태였다'는 의미를 표현하는 것이다. 즉, Me devolvió las camisas y las camisas estaban sucias.로 표현할 수 있다. 따라서 빈칸에는 목적어 las camisas의 술어가 들어가야 하며 형용사 술어는 자신의 의미상 주어인 목적어에 성, 수 일치한 형태인 sucias가 사용되어야 한다.

정답 ②

7 esperar a + que + 접속법

Hay que esperar a que la llame el jefe.

esperar동사는 "바라다, 희망하다"라는 원망의 의미를 표현할 뿐만 아니라, "기다리다"의 의미도 갖는다. 『esperar a + que + 절』의 구조는 "~하기를 기다리다"는 의미를 표현하며, 종속절에는 접속법 동사가 사용된다. 제시문은 "상사가 그녀에게 전화하기를 기다려야만 한다"로 해석된다.

정답 ①

8 현재분사 + 주어, 주어 + 동사

Sabiendo Juan la verdad, ya no me queda nada por hacer.

현재분사나 과거분사가 사용되는 소위 절대구문(construcciones absolutas)은 주절과 관련하여 다양한 의미의 부사절로 해석된다. 절대구문의 술어로 현재분사가 사용되는 경우에는, 능동의 의미를 표현하고 주절의 시제와 동시간대에 이루어지는 사실을 표현한다. 주절의 시제보다 앞서는 사실을 표현할 때는 완료형인 'habiendo + 과거분사'의 형태를 사용한다. 제시문은 "후안이 진실을 알고 있기 때문에, 지금 내가 할 일은 없다"라는 의미를 표현한다. 절대구문에 사용된 la verdad은 saber 동사의 직접목적어이고 Juan은 saber의 주어로 사용되었다. 따라서 동사는 현재분사의 형태로 사용되어 능동의 의미를 표현해야 한다. 제시문에서 보는 바와 같이 절대구문은 주절과 다른 별도의 독립된 주어를 가질 수 있다. 주어를 명시적으로 표현하는 경우에는 분사의 뒤에 사용하며, '*Juan sabiendo la verdad'과 같이 분사의 앞에 주어를 사용할 수는 없다.

예

Habiéndolo dicho él, no puedo creerlo.
(그가 그것을 말했기 때문에, 나는 그것을 믿을 수가 없다.)

정답 ③

9 tener + 목적어 + 목적어 술어

No se podrá encender un cigarrillo ni en las zonas que algunas empresas tenían habilitadas para el personal fumador.

『tener + 목적어 + 목적어 술어』의 구조는 "~을 ~한 상태로 갖고 있다, ~을 ~해 두었다"라는 의미를 표현한다. 제시문에서 tener의 직접 목적어와 목적어의 술어가 주어-술어의 관계를 형성하는 구문을 이해해야 한다. 제시문은 "앞으로는 몇몇 회사들이 흡연자를 위해 마련해둔 공간에서도 담배를 한 개피도 피울 수 없을 것이다"로 해석된다. 여기에서 tener가 형성하는 원래의 문장은 'algunas empresas tenían las zonas habilitadas para el personal fumador'이다. 목적어 las zonas에 적합한 술어는 habilitar의 과거분사형이며, 목적어에 성과 수를 일치한 habilitadas이다. 『tener + 목적어 + 목적어 술어』와 같은 구문에서 목적어 술어는 그 위치가 목적어의 뒤에서 사용될 수 있을 뿐만 아니라, tener동사의 바로 뒤에서도 사용될 수 있다.

예

Tengo reservada una mesa en el restaurante donde cenamos la semana pasada.
Tengo una mesa reservada en el restaurante donde cenamos la semana pasada.
(지난주에 우리가 저녁 식사했던 식당에 자리를 예약해 두었다.)

정답 ③

10 dar a ~

La habitación que da a la calle es preciosa y perfecta.

'dar a ~'는 "(~방향을) 향하고 있다"는 의미를 표현한다. 제시문은 "길 쪽으로 향하고 있는 방은 아름답고 완벽하다"는 의미를 표현한다.

예

Se abrió la puerta que daba a un patio amplio.
(넓은 마당을 향하고 있었던 문을 열었다.)

정답 ①

1 **entre + 명사 + y + 인칭대명사(tú/yo)**

Se dice que a Raúl no le gustaba esa amistad entre Toni y tú.

전치사 entre는 『entre A y B』의 구조로 사용되어 "A와 B사이에"를 표현한다. 이때 A와 B에 인칭대명사가 들어가야 하는 경우 전치격 인칭대명사 mí와 ti를 사용하지 않고 주격인칭대명사 yo와 tú를 사용한다. 이는 전치격 인칭대명사는 y로 등위 연결이 불가능하기 때문이다. 이러한 특징은 인칭대명사와 명사가 연결되는 경우에도 동일하게 적용된다는 점에 주의하자. 즉, *entre tu amigo y ti로 사용하지 않으며, entre tu amigo y tú가 올바른 형태로 다른 명사와 연결되는 경우에도 인칭대명사는 주격인칭대명사로 사용한다.

정답 ③

Tip!

단, entre에 이어지는 요소가 y로 등위 연결되지 않은 표현이 사용되는 경우에는 전치격 인칭대명사가 사용된다.

예

Ellos no están relacionados entre sí.
(그들은 서로 관계가 없다.)

2 **... porque + 직설법**
No porque + 접속법, sino porque + 직설법
No ... porque + 접속법, sino porque + 직설법

No lo hice porque me obligaran, sino porque necesitaba más experiencia.

접속사 porque를 사용하여 '이유'를 표현하는 부사절에서 동사는 직설법으로 표현한다. 그러나 이유를 부정하여 no porque로 이끌어지는 부사절에서는 접속법 동사가 사용된다. 이때 이유를 부정하는 부정어 no는 반드시 porque의 바로 앞에만 사용되는 것은 아니다. 동사의 앞에 부정어 no를 사용하여 porque를 부정하는 의미를 표현할 수 있다. 제시문은 "내가 그것은 했던 이유는 내게 강요했기 때문이 아니라, 더 많은 경험이 필요했기 때문이다"는 의미로 해석된다. 이런 경우 sino porque를 통해 앞 문장의 porque 부사절이 부정이 되고 있음을 알 수 있다. 따라서 제시문의 빈칸에는 주절의 시제와 일치하여 접속법 과거형의 동사가 들어가야 한다.

정답 ③

3 {es/parece} + lógico + que + 접속법

A mí me parece lógico que los ayudemos.

ser, estar나 parecer 동사의 비인칭 형태와 함께 다양한 형용사를 사용하여 가치 판단(juicio de valor)을 표현하는 구문에 대한 문항이다. que이하의 절이 주어 기능의 명사절로 사용되며 앞에 사용된 가치 판단의 표현이 '사실', '진실', '증명된 사실'을 의미하는 경우(예를 들어, es verdad, es obvio, es seguro, es cierto, está demostrado 등)를 제외하고 모든 판단의 표현은 que 이하의 명사절에 접속법 동사가 사용된다. 제시문에 사용된 'parece lógico'는 'parece normal/natural(당연한 것 같다)'의 의미를 표현하며 que이하의 절에 접속법 동사가 사용된다.

정답 ②

4 Es + 형용사 + que + 접속법 현재(완료)/과거(완료)

Es increíble que Daniel aprobara todas las asignaturas el año pasado.

『Es + 형용사 + que + 접속법』의 구조는 ser의 3인칭 단수형으로 비인칭 동사를 사용하여 다양한 형용사와 함께 가치 판단의 표현을 하는 구문이다. 이러한 구문에서 동사의 시제의 사용을 이해하고 있는지 묻는 문항이다. ser동사가 현재로 사용되는 경우, que 이하의 주어기능 명사절에는 접속법 현재형과 과거형이 모두 사용될 수 있다. 판단은 현재에 이루어지는 것이지만 판단의 대상이 되는 일은 현재, 과거, 미래의 일을 모두 표현할 수 있다. 제시문에서 que 이하의 절의 내용은 작년(el año pasado)에 벌어진 일이므로 빈칸에는 접속법 과거의 동사가 들어가야 한다.

예

Es imposible que haya mucha gente {hoy/mañana}.
(오늘/내일 많은 사람들이 있는 것은 불가능하다.)

Es imposible que hubiera mucha gente ayer.
(어제 많은 사람들이 있었다는 것은 불가능하다.)

정답 ③

5 y eso que + 직설법

Alba ha aprobado con buenas notas, y eso que no había estudiado apenas.

'y eso que'는 "~임에도 불구하고, ~인데도"의 '양보'의 의미를 표현한다. 앞 문장과 분리하여 사용하며, 앞 문장과 서로 대립되는 내용 혹은 두 문장의 내용이 논리가 부족함을 표현한다. 『y eso que + 절』의 구조에서 동사는 항상 직설법을 사용하여 확신하고 있는 내용을 이야기할 때 사용한다. 제시문은 "알바는 좋은 점수로 합격했어. 거의 공부를 하지 않았는데도 말이야"로 해석된다.

정답 ②

6 hagas lo que hagas

Soy tu madre. Hagas lo que hagas, estaré a tu lado.

『접속법 + 관계사 (lo que, quien, como, cuando...) + 접속법』의 구조는 동일한 동사를 접속법으로 사용하여 주절 동사가 이루어지는데 어떠한 제약이 있더라도 극복한다는 의미를 담아 "~라 할지라도"의 '양보'의 의미를 표현한다. 이때 관계사는 종속절의 동사와 연결된다. 제시문에서는 hacer동사의 목적어가 관계사에 포함되어 "네가 하는 일"의 의미를 표현해야 한다. 따라서 선행사를 포함하는 관계사 lo que가 사용되어야 한다. 제시문은 "나는 네 엄마야. 네가 무슨 일을 하든지 나는 네 옆에 있을 거야"로 해석된다.

예

Diga lo que diga, no dejo de hacerlo.
(무슨 말을 하든, 나는 그것을 하는 것을 그만 두지 않는다.)

Lo diga quien lo diga, no se puede gastarlo.
(누가 그것을 말하든, 사람들은 그것을 쓸 수 없다.)

정답 ③

7 tomar a alguien el pelo

A: ¿Me estás tomando el pelo?
B: No, hombre. ¡Qué va! Estoy hablando en serio.

'tomar a alguien el pelo'는 직역하면 "(~의) 머리카락을 잡다"라는 의미이며, "(~를) 놀리다"라는 의미를 나타내는 표현이다. 제시문은 두 사람의 대화에서 A가 "너 지금 나를 놀리는 거야?"라고 물었고, B가 "아니야, 천만에! 진심으로 말하는 거야"라고 답하는 상황이다.

정답 ①

8 ¡Marchando!

A: Póngame un chocolate con seis churros, por favor.
B: ¡Marchando una de chocolate con churros!

손님과 웨이터 사이에서 이루어지는 식당에서의 대화이다. 손님인 A가 "츄로스 여섯 개와 초콜릿 한 잔 주세요"라고 주문하자, 웨이터인 B가 "츄로스와 초콜릿 나옵니다"라고 외치는 상황이다. 이때 "(주문한 음식이) 준비되었습니다, 나옵니다"라는 의미로 marchar동사의 현재분사형인 'marchando'가 사용된다. 제시문에서 'una de chocolate con churros'의 'una de ~'는 una ración(1인분)을 나타내는 것이다.

정답 ③

9 por los pelos

Un accidente ocurrió en breves instantes. Luis se salvó por los pelos en el último momento.

'por los pelos'는 "간신히, 겨우, 위기일발로"를 의미하는 표현이다. 제시문은 "사고는 순식간에 일어났다. 루이스는 마지막 순간에 간신히 목숨을 구했다"로 해석된다. 선택지에서 사용된 'a tope'는 "만원으로, 최대한으로"를 의미하며, 'en blanco'는 "백지 상태로, 멍한 상태로"를 의미하는 표현이다.

정답 ③

10 tirar la casa por la ventana

Ellos están dispuestos a tirar la casa por la ventana para fichar a Damián.

'tirar la casa por la ventana'는 직역하면 "창문으로 집을 던지다"로 해석되며, 이 표현은 "(어떤 행사에) 많은 돈을 쓰다"라는 의미를 갖는다. tirar동사 대신 echar동사를 사용하여 동일한 의미를 표현할 수 있다. 제시문은 "그들은 다미안과 계약하기 위해 많은 돈을 쓸 준비가 되어 있다"로 해석된다.

정답 ①

1 ayudar + a alguien + a + que + 접속법

Es importante que los padres ayuden a sus hijos a que sean puntuales.

동사 ayudar(돕다)는 『ayudar + a alguien + a + 동사원형』의 구조로 "~가 ~하는 것을 돕다"라는 의미를 표현한다. 이 구조에서 동사원형 대신 que이하의 절이 사용될 수도 있다. 이 경우 ayudar 동사가 필요로 하는 전치사 a와 함께 만들어진 'a que'는 "~하도록"의 '목적'의 의미를 나타내는 부사절로 항상 접속법 동사가 사용된다. 제시문은 "부모는 자신의 아이들이 시간을 잘 지키도록 도와주는 것이 중요하다"로 해석된다. 제시문에 사용된 동사 'ayuden'은 es importante의 영향으로 가치판단을 표현하는 명사절에 접속법 동사를 사용한 것이고, 빈칸에 들어가는 동사 'sean'은 a que가 이끄는 '목적'의 부사절이기 때문에 접속법 동사가 사용된 것이다.

정답 ②

2 ordenar + a alguien + 동사원형

Le ordenó subir al despacho del director.

'명령'의 의미를 표현하는 동사는 『{ordenar/mandar/hacer} + a alguien + 동사원형』의 구조를 사용해 "~가 ~할 것을 명령하다"라는 의미를 표현할 수 있다. 동사원형의 주어는 명령의 동사의 목적어 'a alguien'이다. 또한 이러한 구문은 『{ordenar/mandar/hacer} + que + 주어 + 동사』 의 구조로 que이하에 주절의 주어와 다른 주어를 사용하는 목적어 기능의 명사절로 표현하는 것도 가능하다. 여기에서 주의할 점은 동일하게 "명령하다"의 의미를 표현할 수 있는 동사 decir는 『decir + que + 주어 + 동사』의 구조로 que이하의 절에 명령의 내용을 표현할 수는 있지만 동사원형을 사용해 '*decir + a alguien + 동사원형'의 구조로 "~가 ~할 것을 명령하다"라는 의미를 표현할 수 없다는 것이다. 따라서 선택지 ①은 답이 될 수 없다.

예

Le {mandaron/ordenaron/hicieron/*dijeron} traer los paquetes.
Le {mandaron/ordenaron/hicieron/dijeron} que trajera los paquetes.
(그들은 그에게 소포를 가져오라고 명령했다.)

정답 ③

3 **hace + 기간**
hacía + 기간

Tuvo que abandonar la casa que había alquilado en la costa hacía dos años.

'hace + 기간'은 "(기간) 전에"를 의미하는 표현이다. 이때 hace는 동사 hacer의 3인칭 단수형이 비인칭으로 사용된 것이다. 현재를 기준으로 "(기간) 전에"를 표현하는 경우 'hace + 기간'의 표현을 사용하며, 과거를 기준으로 "(기간) 전에"를 표현하는 경우에는 'hacía + 기간'의 표현을 사용한다. 제시문은 "이 년 전에 해변 가에 임대했던 그 집을 떠나야만 했다"는 의미를 표현하고 있다. 이때 '이 년 전'이라는 시간은 집을 떠났던(abandonar) 시점을 기준으로 그 이전을 가리키는 것으로 hacía dos años로 표현해야 한다.

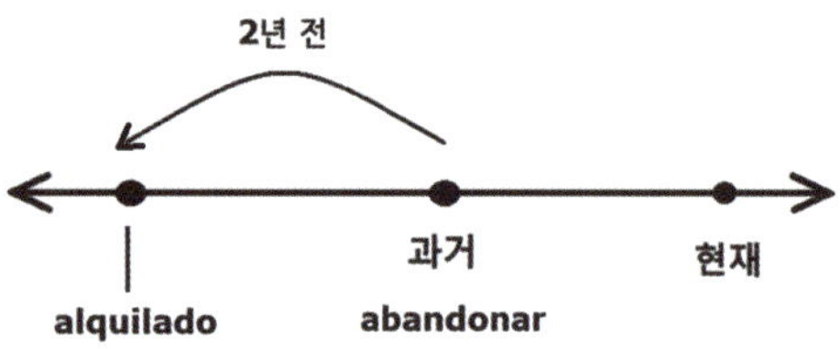

정답 ③

4 **para su edad**

José era un niño muy maduro para su edad, posiblemente por haber vivido prácticamente solo.

제시문은 "호세는 나이에 비해 매우 성숙한 아이이다. 아마도 사실상 혼자서 살아왔기 때문인 것 같다"는 의미를 표현한다. 여기에서 전치사 para는 '성숙하다는 사실'과 '그의 나이'라는 두 사실이 서로 균형 잡히지 않았음을 비교하여 표현하는 용법으로 사용된 것이다. 이때 para는 "~치고는, ~에 비해"의 의미를 표현한다.

정답 ③

5 obligar + a alguien + a + 동사원형

Me obligó a trasladarme a Seúl.

동사 obligar는 『obligar + a alguien + a + 동사원형』의 구조를 사용하여 "~가 ~할 것을 강요하다"라는 의미를 표현한다. 이 구조에서 a alguien은 직접목적어이며 전치사 a에 동반되는 동사원형의 의미상 주어로 기능한다. 제시문에서 동사원형 trasladarme의 의미상 주어로 기능하는 것은 목적대명사 me이다. 제시문은 "그는 내가 서울로 이사할 것을 강요했다"로 해석되며, 전치사 a를 동반하는 구조가 가능한 동사는 obligar이다. 선택지의 다른 두 동사 ver와 hacer는 각각 지각동사와 사역동사로 『{ver/hacer} + a alguien + 동사원형』의 구조를 통해 "~가 ~하는 것을 보다", "~가 ~하는 것을 시키다"의 의미를 표현한다. 즉, 이들 동사에 동사원형이 동반될 때 전치사는 사용되지 않는다.

정답 ③

6 {형용사/과거분사} + y todo, + 절

Cansado y todo, sigue trabajando.

『{형용사/과거분사} + y todo』의 구조는 '양보'의 부사절의 의미를 표현하여 "(형용사/과거분사) 임에도 불구하고"의 의미를 나타낸다. 제시문은 "그는 피곤함에도 불구하고, 계속 일을 하고 있다"로 해석된다.

정답 ②

Tip!

『con + 명사 + y todo』의 구조 역시 '양보'의 부사절의 의미를 표현할 수 있다.

예

Con lluvia y todo, salí de excursión.
(비가 많이 오는데도 소풍을 갔다.)

7 **como la copa de un pino**

Tú eres un profesional como la copa de un pino.

copa는 "술잔", "우승 컵", "나무의 가지와 잎이 달려 있는 부분, 수관" 등의 의미를 갖는다. pino는 "소나무"를 의미하므로 'como la copa de un pino'는 직역하면 "소나무의 수관처럼"으로 해석된다. 이 표현은 "매우 중요한, 매우 큰, 매우 좋은"의 의미를 표현한다. 제시문은 "너는 매우 중요한 전문가이다"로 해석된다.

정답 ①

8 **de bote en bote**

Esta cafetería es un perfecto lugar para trabajar, así que los fines de semana se pone de bote en bote, llena de jóvenes que acuden aquí.

'de bote en bote'는 "(어떤 장소나 상점에) 사람이 꽉 차있는"을 의미하는 표현이다. 제시문은 "이 카페테리아는 일하기에 최적의 장소라서 주말마다 이곳에 오는 젊은이들로 가득 차 발 디딜 곳이 없다"로 해석된다. 선택지의 'sin blanca'는 "돈이 한 푼도 없다"는 의미를 나타내는 표현이고, 'mano sobre mano'는 "아무 일도 하지 않고"를 의미하는 표현이다.

정답 ②

9 **tirar la toalla**

Por muy mal que te vaya, no debes tirar la toalla. Que no te desanimes nunca.

'tirar la toalla'는 직역하면 "수건을 던지다"라는 의미로, 권투에서 링 안으로 수건을 던져 경기를 포기하는 상황에서 온 표현으로 "그만두고 포기하다"를 의미한다. 제시문은 "너의 상황이 아무리 좋지 않게 진행된다고 해도, 포기해서는 안 돼. 절대로 절망 하지마"로 해석된다.

정답 ①

Tip!

『por muy + {형용사/부사} + que + 접속법』의 구조는 '양보'의 부사절을 이루어 "아무리 (형용사/부사)라 할지라도"의 의미를 표현하며, 이 부사절 내의 동사는 항상 접속법 동사로 사용된다.

예

Por muy lejos que viva, siempre llega a tiempo.
(그는 아무리 먼 곳에 살아도 항상 제 시간에 도착한다.)

10 **no tener dos dedos de frente**

¿Pero cómo se te ocurre decírselo? No tienes dos dedos de frente.

'no tener dos dedos de frente'는 "어리석다, 사리분별을 못하다"라는 의미를 표현한다. 19세기 유행한 골상학(frenología)의 영향으로 생겨난 표현으로, 이마의 넓이가 넓을수록 똑똑하다는 이 이론에서 유래한다. 직역하면 "이마(frente)에 손가락 두 개가 들어가지 않을 정도로 좁다"는 의미로 해석된다. 제시문은 "어떻게 그에게 그걸 말할 생각을 할 수가 있어? 너는 사리 분별을 할 줄 모르는구나"로 해석된다.

정답 ③

Nota

Prueba 24

Gramática y expresiones

1 me entregó {a él/a ella}

Jorge me llevó a la casa de mi abuela. Allí me entregó a ella.

비강세형 인칭대명사인 목적대명사 me/te/lo(la)(le)/nos/os/los(las)(les)는 '간접목적대명사-직접목적대명사'의 어순으로 인칭 변화한 동사 앞에 사용된다. 그러나 만약 간접목적대명사가 3인칭이고 직접목적대명사가 1인칭이나 2인칭인 경우에는 간접목적대명사를 비강세형인 le/les의 형태로는 사용하지 않고 강세형인 a él, a ella 등의 형태로 사용해야 한다. 그리고 1, 2인칭의 직접목적대명사만 비강세형(me, te)으로 인칭 변화한 동사의 앞에 사용할 수 있다. 즉, *me le(나를 그에게)나 *le me(그에게 나를)와 같은 형태는 사용할 수 없다.

예

Te recomendaron a él.
(그들이 너를 그에게 추천했다.)

정답 ①

2 ponerse al día

¿Por qué no vamos a tomar algo? Podríamos ponernos al día.

'ponerse al día'는 "(최근에 일어난 일들을) 알고 있다. 정보를 갖고 있다, 시대의 흐름에 뒤떨어지지 않다"의 의미를 표현한다. estar동사를 사용해 'estar al día'로도 표현할 수 있으며, 'estar al corriente'도 유사한 의미를 표현한다.

정답 ②

3 estar + para + {동사원형/명사}

No quiero ir al pub. No estoy ahora para ruidos.

『estar + para + {동사원형/명사}』의 구조는 "~할 마음의 준비가 되어있다"는 의미를 표현한다. 제시문은 부정문으로 사용되어 "~할 기분이 아니다"의 의미를 표현한다. 제시문은 "나는 술 마시러 가고 싶지 않아. 지금은 시끄러운 곳에 있을 기분이 아니야"로 해석된다.

정답 ③

4 Que aproveche.

He preparado esta comida para ti. Que aproveche.

식사를 시작할 때 "맛있게 드세요. 맛있게 먹어"의 의미로 'Que aproveche', 'Buen provecho'의 표현을 사용한다. 이때 'Que aproveche'는 『Que + 접속법 동사』의 기원문의 구조로 "~하기를"이라는 의미를 표현하게 된다. 동사 aprovechar는 "(음식이) 이롭게 작용하다, (음식이) 잘 맞다"는 의미를 표현하는 것으로 '음식'이 주어로 내포되어 있기 때문에 항상 3인칭 단수형으로 사용한다.

정답 ②

5 dar por sentado(a)(s)

Doy por sentados tus comentarios.

'dar por sentado'는 "~을 당연하다고 생각하다"는 의미를 표현한다. 이 표현은 『dar + por + 과거분사 + 직접목적어』의 구조로 "~을 ~로 여기다, 선언하다"의 의미를 나타낸다. 전치사 por에 동반되는 과거분사의 의미상 주어는 직접목적어이며, 과거분사는 직접목적어의 성과 수에 일치해야 한다. 따라서 직접목적어 comentarios(코멘트, 지적, 논평)의 남성복수에 과거분사는 sentados로 일치하여야 한다. 제시문은 "너의 지적은 당연한 것이라고 생각한다"는 의미를 표현한다.

정답 ③

6 plaza

Se le otorgaría la única plaza vacante para ese puesto.

명사 'plaza'는 "광장"이라는 뜻 외에도, "한 구획, 공간", "(일)자리, 직"의 의미도 갖는다. 제시문에서는 "그 직책에 유일하게 빈자리를 당신에게 줄 것이다"로 해석된다.

예

Aquí hay plazas de aparcamiento reservadas para minusválidos.
(여기에 장애인들을 위해 마련된 주차 공간이 있다.)

정답 ③

7 전치사를 포함하는 관계사

"Érase una vez" es la frase con la que empiezan todos los cuentos infantiles.

제시문은 "Érase una vez" es la frase.와 Todos los cuentos infantiles empiezan con la frase.의 두 문장이 합쳐진 문장이다. 첫 번째 문장의 la frase를 선행사로 할 때, 관계절의 동사 empezar와 선행사 la frase를 연결하는 관계사에는 전치사 con이 필요하며 전치사에 동반하여 선행사에 해당하는 정관사가 사용되어야 한다. 따라서 제시문에는 관계사 con la que가 필요하다.

정답 ③

Tip!

'Érase una vez'는 옛날이야기를 시작할 때 자주 나오는 "옛날 옛적에 ~이 있었다"는 의미를 나타내는 표현으로 'Había una vez'로도 표현할 수 있다. 여기에 사용된 동사는 'ser'의 불완료 과거형으로 'haber, existir'의 의미를 표현한다. 만약 동반되는 주어가 복수형인 경우에는 'Éranse una vez unos chicos...'로 사용해야 한다. 그러나 주어의 단, 복수에 상관없이 Érase una vez로 굳어져 3인칭 단수형으로 사용되곤 한다.

8 déjame que + 접속법

Déjame que te invite yo.

명령법으로 사용된 주절의 동사가 'déjame que ~'는 "내가 ~하게 내버려 두어라, 내가 ~하는 것을 허락해라"라는 의미를 표현하여, que이하의 종속절에 '허락, 허가'의 의미로 영향을 주는 동사이다. 따라서 que이하의 종속절에는 접속법 동사가 사용되어야 한다.

정답 ②

9 me ha tocado la lotería

Oye, me ha tocado la lotería.

'tocar la lotería'에서 동사 tocar는 "~에 당첨되다"라는 의미를 표현하며 la lotería(복권)가 주어이다. 따라서 동사는 3인칭 단수형을 사용해야 한다. 제시문은 "나 복권에 당첨됐어"를 의미한다.

정답 ②

Tip!

동사 tocar는 "(~의 차례가) 되다", "(부분을) 차지하다" 등의 의미도 갖는다.

예

Nos ha tocado arreglar la habitación.
(우리가 방 청소할 차례다.)

A ti te tocó la mejor parte.
(가장 좋은 부분을 네가 가졌다.)

10 dar el alta a alguien

Le dieron el alta al paciente que había ingresado en el hospital porque podía andar con muletas.

'dar el alta a alguien'은 "~에게 퇴원을 허락하다"라는 의미를 표현한다. 'alta'는 "퇴원허가, 퇴원허가증"을 의미하는 여성명사이지만 강세 있는 a-로 시작하기 때문에 음성적인 이유 때문에 남성 정관사(el)를 사용한 것이다. 제시문은 "병원에 입원했던 환자가 목발을 짚고 걸을 수 있어 그에게 퇴원을 허락했다"로 해석된다.

정답 ①

Tip!

명사 'el alta'는 "가입, 가입 서류"의 의미도 갖고 있으며 'darse de alta'는 "(기관, 학교, 단체에) 가입하다, 등록하다"의 의미를 갖는 표현이다. 'darse de baja'는 반대말로 "탈퇴하다, 퇴직하다"를 의미한다.

예

Me he dado de alta en un nuevo servicio de correo electrónico.
(나는 새로운 이메일 서비스에 가입했다.)

1 mantener + 목적어 + 목적어 술어

Son ellos los que se preocupan de mantener limpias las zonas boscosas.

『mantener + 목적어 + 목적어 술어』는 "~을 ~한 상태로 유지하다"라는 의미를 표현한다. 이때 목적어의 술어가 형용사인 경우, 목적어의 성과 수에 그 술어가 일치해야 한다. 제시문과 같이 목적어 술어가 mantener 동사 바로 뒤에 사용되는 『mantener + 목적어 술어 + 목적어』의 어순으로도 사용될 수 있다. 제시문은 "그들은 산림지역을 깨끗하게 유지하는데 신경을 쓰고 있는 사람들이다"로 해석된다.

정답 ②

Tip!

'jugar limpio'는 "정정당당하게 경기하다, 페어 플레이하다"의 의미를 표현한다. 이때 사용된 limpio는 "정정당당하게"를 의미하는 부사로 사용된 것으로 형태의 변화는 없다.

예

Ellos jugaron limpio en esta temporada.
(그들은 이번 시즌에 정정당당하게 경기를 했다.)

2 animar a alguien a que + 접속법

Solo me queda animarles a que continúen trabajando.

『animar + a alguien + a + 동사원형』의 구조는 "~가 ~하도록 힘을 북돋우다, 응원하다"라는 의미를 표현한다. 이 구조에서 전치사 a를 동반하여 que이하의 절이 사용되는 경우에는 접속법 동사가 사용된다. 이는 animar동사가 목적어로 하여금 que이하의 절의 동작, 행위를 실행하도록 영향(influencia)을 주는 동사이기 때문이다. 제시문은 "내가 할 일은 그들이 계속 일을 하도록 힘을 북돋우는 것뿐이다"로 해석된다.

정답 ②

Tip!

'animar a'와 같이 전치사를 동반하여 종속절에 영향을 주는 동사로는 forzar a, obligar a, invitar a, convencer de, autorizar a와 같은 예가 있으며, 이들 동사가 que이하의 절을 취할 때는 접속법 동사가 사용된다.

예

Me invitaron a que me sentara a la mesa con ellos.
(내가 그들과 동석하게끔 나를 초대했다.)

3 **cualquiera - cualesquiera**
un cualquiera - unos cualquieras

Ellos son unos cualquieras. No les hagas caso.

'cualquiera'는 대명사로 사용되면 "어떤 것이든, 누구라도"를 의미하며 복수형은 'cualesquiera'이다. 또한 형용사로 "어떤 ~이라도, 여하한"의 의미를 표현할 수 있으며, 단수명사의 앞에서는 마지막 음절의 모음 -a가 탈락된 'cualquier'가 사용되고 복수 명사를 동반하는 경우는 복수로 일치하여 'cualesquier'의 형태를 취한다. 그런데 'cualquiera'는 명사로도 사용될 수 있으며 un(a) cualquiera는 "하찮은 사람, 중요하지 않은 사람"의 의미를 표현한다. 이렇게 명사로 사용되는 경우에는 복수형이 'cualquieras'라는 점을 주의하자.

정답 ②

4 **recién - reciente**

¿Quieres tomar un zumo de naranja? Lo venden recién exprimido.

상대방에게 "오렌지주스 마실래?"라고 물으면서 "오렌지를 금방 착즙하여 주스로 판다"고 설명하는 상황이다. 『vender + 목적어 + 목적어 술어』는 "~을 ~한 상태로 팔다"라는 의미를 표현한다. 제시문에서는 "주스를 착즙한 상태로 판다"는 의미로 exprimido는 형용사 술어이다. 제시문의 빈칸에 들어가는 요소는 이 형용사 술어를 수식하는 부사 recién(최근, 금방)이어야 한다. reciente는 형용사로 수식하는 명사의 성과 수에 일치한다.

정답 ②

5 En cuanto + 접속법 과거, 가정미래

En cuanto volviera a su país, se pondría a ahorrar para comprarlo.

'en cuanto'는 '시간'의 부사절을 이끄는 접속사로 "~하자마자"의 의미를 표현한다. 시간의 부사절에서는 이미 벌어진 일, 현재 벌어지고 있는 일, 습관적으로 일어나고 있는 일 등은 직설법 동사로 표현한다. 반면에, 미래에 일어날 일, 아직 벌어지지 않은 일 등은 접속법 동사로 표현한다. 제시문에서 시간의 부사절에 사용된 접속법 과거(volviera)의 동사는 과거를 기준으로 미래에 일어날 일을 가리키는 것으로 "그가 자기 나라로 돌아가자마자"로 해석되며 과거의 기준이 되는 시점에서 그는 아직 돌아가지 않은 상황을 가리킨다. 따라서 주절에서 "그것을 사기 위해 저축을 시작할 것이다"라는 내용은 과거의 시점을 기준으로 앞으로 미래에 일어날 일이므로 빈칸에는 가정미래(pondría)의 동사가 들어가야 한다. '시간'의 부사절에서 과거의 내용이라고 무조건 직설법이 사용되는 것이 아니라는 점에 주의하자. 『ponerse + a + 동사원형』은 "~하기 시작하다"의 의미를 표현하는 동사구이다.

정답 ③

6 (no) tener la culpa de que + 접속법

No tengo la culpa de que estés nervioso.

'tener la culpa de ~'는 "~에 대한 잘못이 있다"는 의미를 표현한다. 이는 "(de이하에 언급된 일을) 야기했다"는 의미로 이해할 수 있다. 즉, 'tener la culpa de que'는 종속절에 영향을 주는 표현에 해당되어 que 이하의 절에는 접속법 동사가 사용되어야 한다. 제시문은 "나는 네가 긴장한 것에 잘못이 없어"라는 의미로 결과적으로 "내가 너를 긴장하게 만든 것이 아니야"라는 의미를 나타내는 것이다.

정답 ②

Tip!

'el motivo de que ~' 역시 "(de이하에 언급된 일을) 야기한 동기(이유)"를 의미하는 표현으로 종속절에 영향을 주는 표현에 해당된다. 따라서 que 이하의 절에는 접속법 동사가 사용된다.

예

Ese es el motivo de que le dieran la oportunidad.
(그것이 그들이 그에게 기회를 준 이유이다.)

7 en + 시간

Espera aquí. Volveré en media hora. Que tengo algo que decir.

전치사 en은 시간의 표현과 함께 사용되어 '어떠한 동작이 이루어지는 시간'을 표현한다. 제시문은 "여기서 기다려. 30분 안에 돌아올게. 할 말이 있거든"의 해석이 이루어진다.

정답 ②

8 poner los puntos sobre las íes

Hoy nos reunimos para poner los puntos sobre las íes lo de ayer.

'poner los puntos sobre las íes'는 직역하면 "철자 i위에 점을 찍다"로 해석된다. 이 표현은 알파벳 i를 쓸 때 점을 반드시 찍어야 한다는 의미로부터 "상황을 명확하게 하다, 일을 하는 방법을 분명하게 하다"라는 의미를 표현한다. 제시문은 "오늘 우리는 어제의 일을 명확하게 하기 위해 모였습니다"로 해석된다.

정답 ①

Tip!

알파벳 모음 철자(letra)의 복수형은 -es를 붙여서 만든다. 철자는 모두 여성이다.

예

a - aes; e - es(ees); i - íes; o - oes; u - úes

9 dar mi palabra a alguien

Te doy mi palabra de que si llegamos a un acuerdo voy a respetarlo. Te lo prometo.

'dar mi palabra a alguien'은 "~에게 맹세하다"라는 의미를 표현한다. 제시문은 "우리가 합의를 하게되면 나는 그것을 존중할 것이라고 맹세한다. 너에게 약속한다"로 해석된다. 'llegar a un acuerdo'는 "합의에 이르다, 합의하다"라는 의미를 표현한다.

정답 ②

10 dar de baja

No puedo dar de baja la línea telefónica que quieres cancelar porque no soy el titular de la línea.

명사 'baja'는 "퇴직, 탈퇴(자), 휴가서류" 등을 의미한다. 'dar de baja'는 "탈퇴시키다, 해약하다"를 의미하는 표현이다. 제시문은 "네가 해약하길 원하는 전화를 내가 해약할 수는 없어. 내가 그 전화의 명의자가 아니기 때문이야"로 해석된다.

정답 ③

Repaso 3

1. Me invitaron a que me ________ a la mesa con ellos.

① siento
② sienta
③ sentara

☞ Prueba 25-2

2. Es imposible que ________ mucha gente ayer.

① hay
② haya
③ hubiera

☞ Prueba 22-4

3. Se abrió la puerta que ________ a un patio amplio.

① daba
② tenía
③ ponía

☞ Prueba 21-10

4. ¿________ qué están haciendo?

① Crees
② Sabes
③ Piensas

☞ Prueba 19-9

5. Tengo ________ una mesa en el restaurante donde cenamos la semana pasada.

① reservar
② reservada
③ reservado

☞ Prueba 21-9

6. No puedo aguantar que ________ lo nuestro con lo suyo.

① comparas
② compares
③ compararás

☞ Prueba 19-8

7. Hasta ________, te has olvidado de mí.

① ti
② tú
③ tu

☞ Prueba 21-2

8. Ellos no están relacionados entre ________.

① se
② su
③ sí

☞ Prueba 22-1

9. ________ recomendaron a él.

① Te
② La
③ Se

☞ Prueba 24-1

10. Parece seguro que ________ a lanzar un nuevo producto.

① van
② vayan
③ fueran

☞ Prueba 19-7

III

Apéndice

부록

Traducciones 번역
Soluciones 정답
Vocabulario 단어

Prueba 1

번역

1. Voy a vestirme con un traje que me han traído mis padres.

니는 니의 부모님이 가져다주신 정장을 입을 거야.

2. Se presentará el presupuesto de este año, sin duda alguna el documento más importante en el plano económico de todo el año.

분명히 한해를 통틀어 경제 분야에서 가장 중요한 서류라고 할 수 있는 올해 예산을 제출할 것이다.

3. No puedo salir ahora mismo porque continúa nevando.

계속 눈이 내리고 있어서 나는 지금 당장은 나갈 수가 없어.

4. A: Me gusta el cine latinoamericano.
B: A mí, también.

A: 나는 라틴아메리카 영화가 좋아.
B: 나도 그래.

5. La conocí en la fiesta de mi cumpleaños. Fue un flechazo.

나는 그녀를 내 생일 파티에서 알게 되었어. 첫 눈에 반했지.

6. No he podido pegar ojo pensando cómo solucionar ese problema.

그 문세를 어떻게 해결할지 생각하다가 잠을 못 잤어.

7. Tus negocios van viento en popa.

너의 사업은 순조롭게 진행되고 있다.

8. Lola se divirtió a lo grande. Bailó toda la noche y bebió mucho.

롤라는 호화롭게 즐겼다. 밤새 춤추고 술을 많이 마셨다.

9. Pensé "tierra, trágame" cuando me caí en la alfombra roja.

레드 카펫에서 넘어졌을 때 쥐구멍에라도 들어가고 싶다고 생각했다.

10. Un falso cliente entró a una librería, se hizo el loco y robó unos libros.

가짜 고객이 서점에 들어와 모르는 척 책을 훔쳤다.

Prueba 2

번역

1. ¿Cuánto tiempo lleva saliendo con María?

마리아와 사귄 지 얼마나 되었나요?

2. Me dijo que no era que le gustara limpiar, sino que quería ayudar a su mamá.

그는 청소를 좋아해서가 아니라, 엄마를 돕고 싶어서라고 내게 말했다.

3. Se incendió la casa que el abuelo había levantado con sus propias manos.

할아버지가 자신의 손으로 직접 세운 집이 불에 타 버렸다.

4. Detuvieron a un ciudadano que conducía con el carné vencido desde hacía tres años.

삼 년 전부터 만료된 면허증을 갖고 운전을 하고 있었던 한 시민을 붙잡았다.

5. Nada más llegar al aeropuerto, llámame.

공항에 도착하자마자 내게 전화해라.

6. Aunque no quiero reconocerlo, no estuve a la altura de las circunstancias.

비록 그것을 인정하고 싶지는 않지만, 나는 그 일을 제대로 수행할 준비가 되어 있지 않았다.

7. Alicia está la mar de contenta con su labor.

알리시아는 자기 일에 매우 만족하고 있다.

8. Solo he venido a por algo de comer.

단지 먹을 것을 찾으러 왔습니다.

9. El acuerdo requiere un tiempo de maduración. Es que todavía está muy verde.

합의가 이루어지기 위해서는 무르익을 시간이 필요하다. 아직 이루어질 단계가 아니다.

10. En el folleto decían que el Hotel estaba situado a 50m de la playa y realmente estaba a 2 km del mar. Nos dieron gato por liebre.

팸플릿에는 호텔이 해변에서 50미터 떨어져 있다고 했으나 실제로는 바다에서 2킬로미터나 떨어져 있었다. 그들은 우리를 속였다.

Prueba 3

번역

1. María vio a Juan limpiar el coche.

마리아는 후안이 세차하는 것을 보았다.

2. Nos olvidamos de decirle que tenemos preparadas las fotocopias.

우리는 그에게 복사물이 준비되어 있다고 말하는 것을 잊었다.

3. ¿Por qué estabas tan seguro de que yo sabía la respuesta?

왜 내가 답을 알고 있다고 그렇게 확신했었니?

4. Su respuesta no fue precisamente la que yo esperaba.

그의 답은 정확하게 내가 기대하던 것은 아니었다.

5. El periódico lo compraré antes de ir al trabajo.

직장에 가기 전에 바로 그 신문을 살 거야.

6. El costo de vida está por las nubes. Tengo problemas para llegar a fin de mes.

생활비가 너무 비싸다. 월말까지 살기에는 문제가 있다.

7. Este artículo me ha venido al pelo para introducir el tema.

내가 주제를 도입하는데 이 기사가 안성맞춤이었다.

8. Vino como a las dos de la tarde.

오후 두 시경에 왔다.

9. No queremos que luego nos echen la bronca por haberlo incumplido.

우리가 그 일을 완성하지 못했다고 나중에 우리를 야단치는 것을 원하지 않는다.

10. A: Lo sabe mi mamá. ¿A que sí, mamá?
B: Sí, claro.

A: 엄마가 그것을 아세요. 맞죠, 엄마?
B: 그래, 맞아.

Prueba 4

번역

1. La gente no está contenta consigo y no se gusta a sí misma.

사람들은 자신에게 만족하지 않는다. 그래서 자신이 마음에 들지 않는 것이다.

2. Como no conocíamos a nadie, no nos quedamos mucho tiempo en la fiesta.

우리는 아무도 알지 못했기 때문에, 파티에 오랜 시간 머무르지 않았다.

3. Supongo que habrás venido aquí para darme la respuesta de tu jefe.

아마도 너의 상사의 답장을 내게 주기 위해 여기에 온 것이라 생각한다.

4. Los alumnos han cometido muchos errores en la redacción. Ellos me los permiten corregir.

학생들은 작문에서 많은 오류를 범했다. 그들은 내가 그것을 수정하는 것을 허락한다.

5. El portero tocó el timbre de la puerta de Julia y ella lo atendió, aún medio dormida.

수위아저씨는 훌리아의 문 초인종을 눌렀고, 그녀는 여전히 반쯤 잠에 취해서 그를 맞이했다.

6. Tuve que ir de pie en el autobús porque no había ningún asiento libre.

버스에 빈자리가 없어서 서서 가야만 했다.

7. Será mejor que vayas al grano. No tengo mucho tiempo para hablar contigo.

본론으로 바로 들어가는 것이 좋을 것 같아. 너하고 이야기할 시간이 많지 않아.

8. La tortilla de patata me ha sabido riquísima.

나는 감자 토르티야가 무척 맛있었다.

9. A condición de que pagáramos todos a escote, nos fuimos a comer. A mí también me gustaba que cada uno pagara lo suyo.

우리 모두가 비용을 각자 낸다는 조건으로, 우리는 식사하러 갔다. 나 역시 각자 자신이 먹은 것에 대한 비용을 부담하는 것이 마음에 들었다.

10. Mi abuelo está fuerte como un roble a pesar de tener más de noventa años.

나의 할아버지는 90세가 넘으셨지만 정정하시다.

Prueba 5

번역

1. Te advierto que yo no voy a entrar en vuestro juego.

너희들의 게임에 내가 가담하지 않을 것이라는 것을 너에게 알린다.

2. Atraparon infraganti a un presunto delincuente cuando intentaba robar un cuadro.

범죄 용의자가 그림을 훔치려고 시도할 때 현행범으로 잡았다.

3. Con que me prometas que vendrás me lo creo.

올 거라고 네가 내게 약속하면 믿을게.

4. Cada día te encuentro más guapa, hija. ¡Ay, quién tuviera tu edad!

우리 딸은 점점 더 예뻐지는구나. 아, 내가 네 나이라면 얼마나 좋을까!

5. Yo en tu caso no me esforzaría tanto.

내가 너라면 그렇게 노력하지는 않을 텐데.

6. Estoy viendo una película española. Pero es que no entiendo ni jota.

나는 지금 스페인 영화를 보고 있어. 그런데 아무 것도 이해하지 못하겠어.

7. Ellos se han amado tanto. Siempre han sido inseparables. Han sido uña y carne.

그들은 서로 무척 사랑했다. 항상 붙어있었다. 서로 매우 친한 사이였다.

8. Es que me saca de quicio que sea tan casero.

사실 나는 그가 너무 집에만 있는 타입이라 화가 난다.

9. Le pregunté a la chica si quería ir conmigo a la fiesta... y me dio calabazas.

나는 그 아가씨에게 파티에 함께 갈지를 물었지만, 그녀는 나에게 퇴짜를 놓았다.

10. A: He quedado con Carmen.
B: Ah, salúdala de mi parte.

A: 나 카르멘과 만나기로 약속했어.
B: 아, 그럼 그녀에게 내 인사를 전해줘.

Prueba 6

1. ¡Con lo estudioso que es y lo han suspendido!

비록 그는 열심히 공부를 하지만 낙제했다.

2. Si hubiéramos cuidado la tierra, ahora no tendríamos tantos problemas ecológicos.

우리가 지구를 돌보았었더라면, 지금 이렇게 많은 환경 문제를 겪지는 않을 텐데.

3. No ganan bastante dinero, de ahí que vivan con los padres.

그들은 충분한 돈을 벌지 못해서 부모님과 함께 사는 거야.

4. Nos pidieron que no tocáramos nada hasta que viniera la policía.

그들은 경찰이 올 때까지 아무것도 손대지 말라고 우리에게 요청했다.

5. Me alegra mucho verte así de feliz.

네가 그렇게 행복한 것을 보니 무척 기쁘다.

6. A: Oye, Rodrigo se ha ido del trabajo.
B: ¿Y eso?

A: 이봐, 로드리고가 직장을 그만 두었어.
B: 어머 왜?

7. Han hecho buenas migas con sus vecinos. No creo que ellos tengan problemas.

그들은 이웃과 잘 지낸다. 그들이 문제가 있다고는 생각하지 않는다.

8. Siempre se pone como un flan cuando tiene un examen.

시험이 있을 때는 항상 긴장한다.

9. A: ¿Puedo entrar en el despacho?
B: Claro, no faltaría más.

A: 사무실에 들어가도 되나요?
B: 그럼요. 물론이죠.

10. Estoy hasta las narices del ordenador y de trabajar.

컴퓨터 하는 것과 일하는 것이 지긋지긋하다.

Prueba 7

번역

1. Yo te habría prestado mi coche, pero no sabía que tenías el tuyo averiado.

   내가 (알았었더라면) 내 자동차를 너에게 빌려줬을 텐데... 하지만 나는 네 차가 고장 난 것을 몰랐어.

2. Quiero llegar con tiempo, no sea que encuentre la función empezada.

   혹시라도 공연이 시작할까봐 나는 미리 도착하고 싶어.

3. No comentes que es fácil.

   쉽다고 말하지 마.

4. Lo recuerdo como si hubiera ocurrido ayer.

   나는 그 일을 마치 어제 벌어졌던 것처럼 기억하고 있다.

5. No sabes lo bien que me lo he pasado en el campo.

   내가 시골에서 얼마나 잘 지냈는지 너는 모를 거야.

6. Una vez llegado a este punto el relato, pensé que debía concluirlo.

   일단 이야기가 이 지점에 다다랐을 때, 이야기를 끝내야 한다고 생각했다

7. Vamos a enterrar el pasado y a hacer borrón y cuenta nueva para el futuro.

   과거는 묻고 미래를 위해 새롭게 시작하자.

8. A: Me habría gustado hablar contigo.
   B: Yo te escucho. Soy todo oídos.

   A: 너하고 이야기를 하고 싶었었는데.
   B: 듣고 있어. 귀 기울여 듣고 있어.

9. Me gusta descansar en casa porque me siento a mis anchas.

   나는 집에서 쉬는 것을 좋아해. 집에서 가장 편안하거든.

10. Si no se lo hubiéramos preguntado a ellos, no nos hubieran dicho nada.

    우리가 그들에게 그것을 물었었더라면, 우리에게 아무 것도 말해주지 않았을 텐데.

Prueba 8

번역

1. Mi hermana está enferma. Pero no lo parece.

내 여동생은 지금 아파. 하지만 그렇게 보이지는 않아.

2. Su mamá la ha regañado siempre por andar descalza.

그녀의 엄마는 그녀가 맨발로 돌아다닌다고 항상 야단을 치셨다.

3. Le preguntaré si lo que me dijiste es mentira.

네가 나에게 말했던 것이 거짓말인지 그에게 물어볼 거야.

4. Busco una famosa canción que puede cantar todo el mundo.

모든 사람들이 부를 수 있는 그 유명한 노래를 찾고 있어요.

5. La comarca tendrá un metro cada cinco minutos en horas punta.

그 동네는 러시아워에는 지하철이 5분 간격으로 다녀요.

6. Lograr el primer puesto será pan comido para ti.

1등을 차지하는 것은 너에게는 식은 죽 먹기다.

7. A: ¿Qué te parece si quedamos delante del Palacio Real?

B: Por mí, ¡vale! ¿A qué hora quedamos?

A: 왕궁 앞에서 만나는 건 어때?

B: 나는 좋아! 몇 시에 만날까?

8. Han convocado la reunión. Tal vez tengan algo importante que contarnos.

회의가 소집되었어. 아마도 우리에게 이야기할 중요한 일이 있는 것 같아.

9. Déjate de rodeos. No me gusta que se anden por las ramas.

빙빙 돌려 말하지 마. 나는 이야기의 핵심을 벗어나는 것을 좋아하지 않아.

10. Me parece que acabo de meter la pata. Es que le he dicho lo de Pedro. Él va a enfadarse conmigo.

나 방금 실수한 것 같아. 페드로의 일을 그에게 이야기했거든. 페드로가 나한테 화낼 거야.

Prueba 9

번역

1. Fue Juan el que gritó.

   고함을 친 사람은 후안이었다.

2. El culpable soy yo.

   죄인은 나다.

3. Cualquiera que te oiga pensará que estás loco.

   너의 말을 듣는 누구든지 네가 생각이 없다고 생각할 것이다.

4. Su conversación era de lo más divertida.

   그들의 대화는 가장 재미있었다.

5. Trabaja hasta muy tarde, de manera que siempre se levanta a la hora de almorzar.

   그는 매우 늦게까지 일을 한다. 그래서 항상 점심시간에 일어난다.

6. Por mí que te quedes conmigo. Yo no podría hacer nada sin ti.

   나는 네가 나와 함께 있기를 원해. 나는 너 없이는 아무 것도 할 수 없을 거야.

7. No pongas tantas excusas, que se te ve el plumero.

   그렇게 변명하지 마. 네 의도가 다 보이니까.

8. Ahora sí que trabaja bien. Está como pez en el agua.

   지금은 일을 잘 하고 있다. 잘 지내고 있다.

9. Con el corazón en la mano te digo que no puedo hacer más de lo que hago.

   너에게 진심으로 말하는데, 내가 지금 하고 있는 것보다 더 할 수는 없어.

10. Estoy hasta el moño de que todas las personas me digan lo que debo hacer.

    모든 사람들이 내게 내가 해야만 하는 일을 말하는 것이 지겹다.

Prueba 10

번역

1. Juan levantó la cara y miró la puerta.

   후안은 얼굴을 들어 문을 바라보았다.

2. No deberías haberte comportado de esa forma.

   너는 그런 식으로 행동하지 않았어야만 해.

3. No hay la menor duda de que el clima ha cambiado.

   기후가 변했다는 것에는 의심의 여지가 없다.

4. Esta es la catedral que visitamos el año pasado.

   이 성당이 작년에 우리가 방문했던 성당이다.

5. A: ¿Cuántas personas había aproximadamente en el concierto?
   B: No sé, asistirían unos ochocientos chicos.

   A: 콘서트에 대략 몇 명이 있었나요?
   B: 잘 모르겠어요. 아마 약 800명 정도 참석했던 것 같아요.

6. María habla por los codos. Cuando empieza a hablar, no hay quien la pare.

   마리아는 말이 많다. 말을 시작하면 그녀를 중단시킬 수 있는 사람은 아무도 없다.

7. No es recomendable tumbarse después de las comidas, más bien es adecuado realizar un ejercicio ligero como pasear.

   식사 후에 눕는 것은 추천할 만하지 않다. 오히려 산책과 같은 가벼운 운동을 하는 것이 적절하다.

8. Álvaro siempre me ayuda con mucho gusto. Es un pedazo de pan.

   알바로는 항상 나를 기꺼이 도와준다. 정말 친절하다.

9. Es muy importante seguir todas las instrucciones al pie de la letra.

   모든 지시를 정확하게 따르는 것이 매우 중요하다.

10. A: Mamá, he sacado la nota más alta de toda clase. No me lo creo.
    B: Tú te lo mereces. Enhorabuena.

    A: 엄마, 저 반에서 가장 높은 점수를 받았어요. 믿을 수가 없어요.
    B: 너는 그럴만해. 축하한다.

Prueba 11

번역

1. Necesito un bolígrafo con el que escribir.

   나는 글을 쓸 볼펜이 필요해요.

2. Se supone que la gente es buena en el fondo.

   사람들은 인간은 본질적으로는 선하다고 생각한다.

3. Quería entrevistar a unos estudiantes, que habían participado en el congreso.

   학생들을 인터뷰하고 싶어요. 그 학생들은 학회에 참석했었어요.

4. A: Se parece muchísimo a su madre, ¿verdad?
   B: Sí, es igual de alto que ella.

   A: 그는 자기 엄마를 무척 많이 닮았어. 그렇지?
   B: 응, 자기 엄마만큼 키가 커.

5. El tribunal declaró inocente a Sandra por un presunto fraude fiscal.

   법정은 산드라의 탈세 혐의에 대해 무죄로 판결을 내렸다.

6. Desaparecidas las sombras, la imagen se hizo completamente clara.

   그림자가 사라지자 이미지가 완전하게 분명해졌다.

7. Este año se redujo el presupuesto en un diez por ciento.

   올해 예산이 10퍼센트 감소했다.

8. Yo era entonces un chico de veinte y pico años.

   그 당시 나는 스무 살이 조금 넘은 청년이었다.

9. Todavía no conozco muy bien la ciudad. ¿Sabes dónde está la estación de Chamartín?

   나는 아직 도시를 잘 알지 못해. 차마르틴 역이 어디에 있는지 아니?

10. No me has escuchado. Me has oído como quien oye llover.

    너는 내 말을 듣지 않았어. 내 말을 무관심하게 들었어.

Prueba 12

번역

1. Daniel llamó ayer por la tarde preguntando si alguno de vosotros puede ir a buscarle.

다니엘이 너희들 중 누군가 그를 찾으러 갈 수 있는지 물어보려고 어제 오후에 전화했다.

2. Date prisa, que llegamos tarde.

우리 늦으니까 서둘러.

3. A: ¿Dónde está Marta?
B: En su despacho.
A: ¿Y Isabel?
B: Pues, no lo sé.

A: 마르타는 어디에 있나요?
B: 사무실에요.
A: 그럼 이사벨은요?
B: 글쎄요. 모르겠네요.

4. La mayoría de los trabajadores están satisfechos con sus propias condiciones de trabajo.

대부분의 노동자들은 자신의 근무 조건에 만족하고 있다.

5. ¿Por qué te cuesta pronunciarlo?

왜 그걸 말하는 게 힘든 거야?

6. No permitas que vuelva a entrar ahí.

그가 거기에 다시 들어가는 것을 허락하지 마.

7. Me parece que esto ha ocurrido demasiado deprisa, ya que las decisiones se han tomado a la ligera.

내가 보기에는 이 일이 너무 급작스럽게 벌어졌어요. 결정이 급하게 내려졌거든요.

8. El policía hizo la vista gorda aunque vio el coche mal aparcado.

경찰이 잘못 주차된 차를 보았지만 눈감아주었다.

9. Eché un vistazo a los grandes edificios que se alzaban a diestro y siniestro.

나는 마구 세워진 대형 건물들을 훑어보았다.

10. Los niños, que llegaron hambrientos del colegio, se comieron todas las galletas en un abrir y cerrar de ojos.

아이들은 학교에서 배고픈 상태로 돌아와 눈 깜짝할 사이에 과자를 모두 먹어치웠다.

Prueba 13

번역

1. Una niña de un año pudo ser rescatada sana y salva de entre las llamas.

한 살 난 여자 아이가 화염 속에서 안전하게 구출될 수 있었다.

2. En el presente estudio el 15 % de las personas vive a solas.

현재의 조사에서는 그 사람들 중 15%가 누구의 도움 없이 혼자서 살고 있다.

3. ¡Mi jefe tiene una de trabajo que no puede atenderte ahora!

내 상사는 일이 너무 많아서 지금 너를 응대할 수 없어.

4. Me gustaría que se reconciliaran para que siguieran trabajando en equipo.

함께 팀으로 계속 일하기 위해 그들이 화해하면 좋을 텐데.

5. No sé nada de ese tema, conque pregúntalo a tu secretaria.

나는 그 주제에 대해서는 아무것도 알지 못해. 그러니까 너의 비서에게 물어봐.

6. A: ¿Marta es una buena actriz?
B: No, no lo parece.

A: 마르타가 훌륭한 여배우니?
B: 그렇게 보이지는 않아.

7. Oye, Claudia, te mantendré informada de todas las novedades que haya.

이봐, 클라우디아, 모든 새로운 상황이 있으면 너에게 알려주도록 할게.

8. Si él hubiera tenido hijos, el mayor tendría ahora veinticinco años.

그가 자식이 있었더라면, 큰 아이는 지금 스물다섯 살이 될 텐데.

9. Solo tomando un café cargado y un pan dulce, sentirás una rápida subida de energía.

진한 커피와 단 빵을 먹으면 빠르게 힘이 나는 것을 느낄 거야.

10. Jamás le he puesto la mano encima ni la he insultado.

나는 절대 그녀를 때린 적도 욕한 적도 없다.

Prueba 14

번역

1. Esta señorita es la escritora de cuyas novelas te he hablado.

   이 아가씨가 내가 너에게 이야기했던 소설들의 작가야.

2. Se contrató a 150 obreros para que terminaran una obra en 20 meses.

   이십 개월 만에 공사를 끝내기 위해 백 오십 명의 노동자를 고용했다.

3. Sospechaba que serviría para poner bastantes cosas en su sitio.

   많은 물건을 제자리에 놓는데 쓰일 것이라고 생각했다.

4. Yo andaba por las calles y se me acercó el tipo ese.

   내가 길을 걷고 있었는데 바로 그 녀석이 내게 다가왔다.

5. Jorge ha decidido no participar en la reunión porque está todavía muy verde en este tipo de negociaciones.

   호르헤는 이런 종류의 협상에는 아직 미숙해서 회의에 참석하지 않기로 했다.

6. Al abrir mi local no reflexioné mucho ni planifiqué nada, por lo cual puse el nombre “a lo loco” a mi tienda.

   나는 내 가게를 개업할 때 깊이 생각하지 않았고 아무런 계획도 세우지 않았다. 그래서 가게 이름을 '깊이 생각하지 않고'라고 했다.

7. Ese hombre le hace la pelota porque quiere pedirle un favor.

   그 남자는 그에게 부탁을 하고 싶어 아부한다.

8. Yo estoy al tanto de todo, así que mejor no me mientas.

   나는 모든 것을 다 알고 있으니까 내게 거짓말하지 않는 것이 더 낫다.

9. Tú dormías como un bendito en el sillón.

   너는 소파에서 단잠을 자고 있었다.

10. Sus compañeros lo tacharon de cobarde.

    그의 동료들은 그를 비겁하다고 비난했다.

Prueba 15

번역

1. Pienso empezar por leer la página trigésima cuarta.

34페이지를 읽는 것부터 시작하려고 한다.

2. Haz una lista de todo cuanto necesitas antes de ir de compras.

쇼핑가기 전에 네가 필요한 모든 것의 리스트를 만들어라.

3. Todavía queda mucho por hacer para mejorar la economía.

경제를 호전시키기 위해 아직 해야 할 일이 많이 있다.

4. Bebí tanto que perdí el conocimiento.

술을 너무 많이 마셔서 정신을 잃었다.

5. He visitado la Iglesia de Santo Tomé, donde se encuentra el famoso cuadro de El Greco.

나는 엘 그레코의 유명한 그림이 있는 산토 토메 성당을 방문했다.

6. Cuidado con lo que me dices, que estoy que me subo por las paredes.

나에게 말하는 것 좀 조심해, 나 화나니까.

7. Esas dos amigas vivieron muy cerca una de otra en Alicante.

그 두 친구는 알리칸테에서 서로 매우 가까이 살았다.

8. Se me hizo un nudo en la garganta al despedirme de mi familia.

가족과 작별할 때 목이 멨다.

9. Ya sabes dónde estoy. Estoy dispuesto a echar una mano, tía.

내가 어디 있는지 알고 있지. 나는 도와줄 준비가 되어있어, 친구야.

10. Toni decía lo que pensaba sin hacer caso de los demás. Él no tenía pelos en la lengua.

토니는 다른 사람들을 신경 쓰지 않고 생각하는 것을 말하곤 했다. 그는 거침없이 말하곤 했다.

Prueba 16

번역

1. Al Rey solo lo he visto un par de veces en mi vida.

왕을 내 생에 단지 두 번 봤다.

2. Le llamo para darle un notición.

그에게 빅뉴스를 전하기 위해 전화하고 있다.

3. Me encantan tanto el sabor como el olor del café.

나는 커피의 맛도 향도 정말 좋아한다.

4. Fue entonces cuando consiguieron su primer y único gol, en un contraataque.

그들이 반격에서 첫 번째이자 유일한 골을 넣은 것이 바로 그때였다.

5. ¡Si pudiera convencerla para que vuelva a su casa...!, pero no creo que quiera hacerme caso.

내가 그녀가 집으로 돌아오도록 설득할 수 있으면 좋으련만! 하지만 내 말에 신경을 쓸지는 모르겠어.

6. Ninguno de los dos jugadores puede participar en la eliminatoria.

두 선수들 중 누구도 선발전에 참가할 수 없다.

7. Lo primero que debería hacer es comprar un buen manual sobre Internet y leerlo de cabo a rabo.

제일 먼저 해야 하는 일은 인터넷에 대한 좋은 매뉴얼을 구입해서 그것을 완벽하게 읽는 것이다.

8. Precisamente mañana hará diez días que me llamó.

그가 내게 전화한지 내일로 정확하게 10일이 될 것이다.

9. Es aburrido jugar al ajedrez contra el ordenador. Prefiero a alguien de carne y hueso.

컴퓨터를 상대로 장기를 두는 것은 지루해. 사람과 두고 싶어.

10. El jurado se las ha visto y deseado para elegir al mejor grupo entre los 20 candidatos.

심사위원단은 20개의 후보 그룹들 중 최고의 그룹을 뽑느라 고생했다.

Prueba 17

번역

1. Incluso la oí gritar a alguien por teléfono; sus voces llegaban hasta el estudio.

나는 그녀가 누군가에게 전화로 고함치는 소리까지 들었다. 그녀의 목소리는 서재까지 들렸다.

2. Anoche me olvidé de decirle que me trajera la esterilla de yoga.

어젯밤에 그녀에게 요가 매트를 가져오라고 말하는 것을 잊었어.

3. Compartir coche hasta tu destino puede ser una opción tanto económica como ecológicamente más eficiente.

너의 목적지까지 차를 함께 타는 것은 경제적으로나 환경적으로나 더 효율적인 하나의 대안이 될 수 있다.

4. Con la niña enferma no podremos salir de viaje.

아이가 아파서 우리는 여행을 갈 수 없을 것이다.

5. ¡No me digas que estás a régimen!

너 설마 다이어트 중인 건 아니겠지.

6. A: Oye, no se te ocurra decirle a mi esposa que me han despedido del trabajo.

B: Claro, no te preocupes. Sabes que soy una tumba.

A: 이봐, 내 아내에게 내가 직장에서 해고당했다고 말하지 마.

B: 그럼. 걱정 마. 나 입 무거운 거 알잖아.

7. Lo que pasa es que ha tenido la mala pata de deslizarse en el baño y torcerse un tobillo.

사실은 욕실에서 미끄러져서 발목을 삐는 운이 안 좋은 일이 있었다.

8. Juan la vio sentada en un banco de madera, al pie del túnel de rosas.

후안은 장미 터널길 끝에 그녀가 나무 벤치에 앉아 있는 것을 보았다.

9. Tengo una de problemas que no me doy tiempo para mi familia.

나는 너무 많은 문제가 있어서 내 가족을 위해 시간을 낼 수가 없다.

10. Y lo bien que te lo pasarías si no pensaras que te están mirando.

네가 다른 사람들이 너를 쳐다본다고 생각하지 않으면 정말 잘 지낼 수 있을 텐데.

Prueba 18

번역

1. A: ¿En qué curso estás?
B: Estoy en el último año de la preparatoria.

A: 몇 학년이니?
B: 고등학교 졸업반입니다.

2. A: ¿Cómo está Antonio?
B: Bastante bien para lo mal que lo ha pasado.

A: 안토니오는 어떻게 지내?
B: 안 좋은 일이 있었던 것에 비하면 상당히 잘 지내.

3. Ese niño baila a lo Michael Jackson y sabe tocar la guitarra.

그 아이는 마이클잭슨이 춤추는 방식으로 춤을 추고 기타를 연주할 줄도 안다.

4. Estoy tan cansado que lo único que me apetece es irme a la cama.

너무 피곤해서 내가 원하는 유일한 것은 자러 가는 것이다.

5. Cuanto más cansada estoy, más me cuesta dormir.

나는 피곤하면 할수록 잠을 이루기가 더 힘들다.

6. Entiendo que te moleste comer con ellos.

네가 그들과 식사하는 것을 귀찮아한다는 것을 이해한다.

7. Se lo he contado todo de pe a pa.

그에게 그것을 처음부터 끝까지 이야기했다.

8. Él ha tirado piedras a su propio tejado con esta entrevista, ya que ha creado desconfianza a sus seguidores.

그가 한 인터뷰는 팬들의 불신을 만들었기에 결과적으로 제 무덤을 판 격이 되었다.

9. Antonio se ofreció para llevarlo al aeropuerto el día que se fuera.

안토니오는 그가 떠나는 날에 공항으로 그를 데려다 주겠다고 자청했다.

10. Cuando enfermó y no levantaba cabeza, venía a verlo una vez por semana.

그가 병이 들어 회복되지 않은 상태였을 때, 그를 일주일에 한 번씩 보러 왔다.

Prueba 19

번역

1. A: A nuestra edad encontrar un trabajo es cada vez más difícil.
   B: ¡Ni que tuviéramos sesenta años!

   A: 우리 나이에 일자리를 찾는 건 점점 더 어려워.
   B: 우리가 나이 육십이나 먹은 것처럼 말하네.

2. Ella no sabía qué le ocurrió a su marido.

   그녀는 자기 남편에게 무슨 일이 벌어졌는지 모르고 있었다.

3. La habitación era pequeña y muy sucia, pero menos mal que estaba cerca de la boca de metro.

   방이 작고 매우 더러웠다. 그러나 그나마 지하철 역 가까이에 있어서 다행이었다.

4. A: Oye, ¿qué hago?
   B: Tienes que ser tú quien decida.

   A: 나 어떻게 하지?
   B: 결정하는 사람은 너여야 해.

5. A: ¿A qué ha venido Carlota?
   B: A que le prepare la cena.

   A: 카를로타는 왜 왔나요?
   B: 그에게 저녁식사를 준비해주려고 왔어요.

6. Ni que decir tiene que estuve totalmente de acuerdo con usted.

   나는 분명히 당신의 의견에 전적으로 동의했다.

7. Parece cierto que va a subir el precio del tabaco.

   담배 가격이 인상될 것이라는 것은 분명한 것 같다.

8. No soporto que me digan lo que tengo que hacer.

   나는 사람들이 내가 해야만 하는 일을 말하는 것이 짜증난다.

9. ¿Qué crees que es lo primero que pensé?

   내가 첫 번째로 생각했던 것이 무엇이라고 생각하니?

10. Tras el partido de ayer, los jugadores estaban hechos polvo.

    어제 경기 이후에 선수들은 지쳐있었다.

Prueba 20

번역

1. Te dejaré ir siempre y cuando apruebes el examen.

   네가 시험에 합격한다는 조건으로 네가 가는 것을 허락할 것이다.

2. Le operaron la nariz a Marta.

   그들은 마르타의 코를 수술했다.

3. A: Juan considera a Marta inteligente.
   B: Yo no lo considero.

   A: 후안은 마르타가 똑똑하다고 생각한다.
   B: 나는 그렇게 생각하지 않아.

4. A: Lo importante es que tú y yo nos llevemos bien.
   B: Eso pienso yo.

   A: 너와 내가 잘 지내는 것이 중요해.
   B: 나도 그렇게 생각해.

5. Al presenciar el accidente, por poco me desmayo del susto.

   사고를 목격했을 때, 하마터면 놀라서 기절할 뻔 했어.

6. Tendrías muchas más posibilidades que las que has tenido hasta ahora.

   너는 지금까지 가졌던 것 보다 훨씬 더 많은 가능성을 갖게 될 거야.

7. ¡Cuán cerca está la playa de aquí!

   해변이 여기에서 얼마나 가까이 있는데!

8. Lo que más me gustó de Toledo fue hospedarme en el parador.

   톨레도에서 가장 마음에 들었던 것은 파라도르에 묵었던 거야.

9. Todo el día la niña estaba callada sin decir ni pío.

   그 아이는 하루 종일 한마디도 하지 않고 조용히 있었다.

10. Julia charlaba con su amiga Carlota muy a menudo. La visitaba cada dos por tres.

    훌리아는 친구인 카를로타와 굉장히 자주 수다를 떨곤 했다. 그녀를 자주 찾아가곤 했다.

Prueba 21

번역

1. Este coche no es mío.

이 자동차는 내 것이 아니다.

2. Espero que este mensaje llegue hasta ti.

이 메시지가 네가 있는 곳까지 도착하기를 바란다.

3. Debe decirse uno por ciento, veintiuno por ciento, puesto que el numeral *uno* solo se apocopa ante determinado tipo de sustantivos, y *por* es una preposición.

uno por ciento(1퍼센트), veintiuno por ciento(21퍼센트)라고 말해야 한다. 수사 uno는 특정 형태의 명사 앞에서만 -o가 탈락되는데, por는 전치사이기 때문이다.

4. María se llevó la maleta consigo porque no había nadie a su alrededor.

마리아는 자기 주변에 아무도 없었기 때문에 가방을 직접 가지고 갔다.

5. Siempre que necesita dinero me llama a mí, no a sus padres.

그는 돈이 필요할 때는 항상 자기 부모님이 아니라 내게 전화한다.

6. Le presté las camisas a mi hermano. Y me las devolvió sucias.

내 동생에게 셔츠를 빌려주었다. 그런데 셔츠를 더러운 채로 돌려주었다.

7. Hay que esperar a que la llame el jefe.

상사가 그녀에게 전화하기를 기다려야만 한다.

8. Sabiendo Juan la verdad, ya no me queda nada por hacer.

후안이 진실을 알고 있기 때문에, 지금 내가 할 일은 없다.

9. No se podrá encender un cigarrillo ni en las zonas que algunas empresas tenían habilitadas para el personal fumador.

몇몇 회사들이 흡연자를 위해 마련해둔 공간에서도 앞으로는 담배를 피울 수 없을 것이다.

10. La habitación que da a la calle es preciosa y perfecta.

길 쪽으로 향해 있는 방은 아름답고 완벽하다.

Prueba 22

번역

1. Se dice que a Raúl no le gustaba esa amistad entre Toni y tú.

라울은 토니와 너 사이의 그 우정이 마음에 안 들었다고 사람들이 말한다.

2. No lo hice porque me obligaran, sino porque necesitaba más experiencia.

내가 그것은 했던 이유는 내게 강요했기 때문이 아니라, 더 많은 경험이 필요했기 때문이다

3. A mí me parece lógico que los ayudemos.

나는 우리가 그들은 돕는 것이 당연한 것 같다.

4. Es increíble que Daniel aprobara todas las asignaturas el año pasado.

다니엘이 작년에 모든 과목에 합격한 것은 믿을 수가 없다.

5. Alba ha aprobado con buenas notas, y eso que no había estudiado apenas.

알바는 좋은 점수로 합격했어. 거의 공부를 하지 않았는데도 말이야.

6. Soy tu madre. Hagas lo que hagas, estaré a tu lado.

나는 네 엄마야. 네가 무슨 일을 하든지 나는 네 옆에 있을 거야.

7. A: ¿Me estás tomando el pelo?
B: No, hombre. ¡Qué va! Estoy hablando en serio.

A: 너 지금 나를 놀리는 거야?
B: 아니야, 천만에! 진심으로 말하는 거야.

8. A: Póngame un chocolate con seis churros, por favor.
B: ¡Marchando una de chocolate con churros!

A: 츄로스 여섯 개와 초콜릿 한 잔 주세요.
B: 츄로스와 초콜릿 나옵니다.

9. Un accidente ocurrió en breves instantes. Luis se salvó por los pelos en el último momento.

사고는 순식간에 일어났다. 루이스는 마지막 순간에 간신히 목숨을 구했다.

10. Ellos están dispuestos a tirar la casa por la ventana para fichar a Damián.

그들은 다미안과 계약하기 위해 많은 돈을 쓸 준비가 되어 있다.

Prueba 23

번역

1. Es importante que los padres ayuden a sus hijos a que sean puntuales.

부모는 자신의 아이들이 시간을 잘 지키도록 도와주는 것이 중요하다.

2. Le ordenó subir al despacho del director.

그에게 부장의 사무실로 올라가라고 명령했다.

3. Tuvo que abandonar la casa que había alquilado en la costa hacía dos años.

이 년 전에 해변 가에 임대했던 그 집을 떠나야만 했다.

4. José era un niño muy maduro para su edad, posiblemente por haber vivido prácticamente solo.

호세는 나이에 비해 매우 성숙한 아이이다. 아마도 사실상 혼자서 살아왔기 때문인 것 같다.

5. Me obligó a trasladarme a Seúl.

그는 내가 서울로 이사할 것을 강요했다.

6. Cansado y todo, sigue trabajando.

그는 피곤함에도 불구하고 계속 일을 하고 있다.

7. Tú eres un profesional como la copa de un pino.

너는 매우 중요한 전문가이다.

8. Esta cafetería es un perfecto lugar para trabajar, así que los fines de semana se pone de bote en bote, llena de jóvenes que acuden aquí.

이 카페테리아는 일하기에 최적의 장소라서 주말마다 이곳에 오는 젊은이들로 가득 차 발 디딜 곳이 없다.

9. Por muy mal que te vaya, no debes tirar la toalla. Que no te desanimes nunca.

너의 상황이 아무리 좋지 않게 진행된다고 해도, 포기해서는 안 돼. 절대로 절망하지 마.

10. ¿Pero cómo se te ocurre decírselo? No tienes dos dedos de frente.

어떻게 그에게 그걸 말할 생각을 할 수가 있어? 너는 사리 분별을 할 줄 모르는구나.

Prueba 24

번역

1. Jorge me llevó a la casa de mi abuela. Allí me entregó a ella.

호르헤는 나를 할머니 댁으로 데리고 갔다. 거기서 나를 할머니에게 인계했다.

2. ¿Por qué no vamos a tomar algo? Podríamos ponernos al día.

우리 뭐 좀 먹는 게 어때? 서로 최근 일어난 일들의 이야기도 나눌 수 있을 거야.

3. No quiero ir al pub. No estoy ahora para ruidos.

나는 술 마시러 가고 싶지 않아. 지금은 시끄러운 곳에 있을 기분이 아니야.

4. He preparado esta comida para ti. Que aproveche.

너를 위해 이 식사를 준비했어. 맛있게 먹어.

5. Doy por sentados tus comentarios.

너의 지적은 당연한 것이라고 생각한다.

6. Se le otorgaría la única plaza vacante para ese puesto.

그 직책에 유일하게 빈자리를 당신에게 줄 것이다.

7. "Érase una vez" es la frase con la que empiezan todos los cuentos infantiles.

"옛날 옛적에"는 모든 동화가 시작될 때 나오는 문구이다.

8. Déjame que te invite yo.

내가 돈을 내게 해줘.

9. Oye, me ha tocado la lotería.

이봐, 나 복권에 당첨됐어.

10. Le dieron el alta al paciente que había ingresado en el hospital porque podía andar con muletas.

병원에 입원했던 환자가 목발을 짚고 걸을 수 있어 그에게 퇴원을 허락했다.

Prueba 25

번역

1. Son ellos los que se preocupan de mantener limpias las zonas boscosas.

그들은 산림지역을 깨끗하게 유지하는데 신경을 쓰고 있는 사람들이다.

2. Solo me queda animarles a que continúen trabajando.

내가 할 일은 그들이 계속 일을 하도록 힘을 북돋우는 것뿐이다.

3. Ellos son unos cualquieras. No les hagas caso.

그들은 하찮은 사람들이다. 그들에게 신경 쓰지 마라.

4. ¿Quieres tomar un zumo de naranja? Lo venden recién exprimido.

오렌지주스 마실래? 오렌지를 금방 착즙하여 주스로 팔아.

5. En cuanto volviera a su país, se pondría a ahorrar para comprarlo.

그가 자기 나라로 돌아가자마자 그것을 사기 위해 저축을 시작할 것이다.

6. No tengo la culpa de que estés nervioso.

네가 긴장한 것은 내 잘못이 아니다.

7. Espera aquí. Volveré en media hora. Que tengo algo que decir.

여기서 기다려. 30분 안에 돌아올게. 할 말이 있거든

8. Hoy nos reunimos para poner los puntos sobre las íes lo de ayer.

오늘 우리는 어제의 일을 명확하게 하기 위해 모였습니다.

9. Te doy mi palabra de que si llegamos a un acuerdo voy a respetarlo. Te lo prometo.

우리가 합의를 하게 되면 나는 그것을 존중할 것이라고 맹세한다. 너에게 약속한다.

10. No puedo dar de baja la línea telefónica que quieres cancelar porque no soy el titular de la línea.

네가 해약하기를 원하는 전화를 내가 해약할 수는 없어. 내가 그 전화의 명의자가 아니기 때문이야.

Soluciones 정답

Prueba 1

1	2	3	4	5	6	7	8	9	10
③	②	③	③	①	②	②	②	③	②

Prueba 2

1	2	3	4	5	6	7	8	9	10
③	①	①	③	②	①	①	③	②	②

Prueba 3

1	2	3	4	5	6	7	8	9	10
②	①	②	③	②	②	②	①	②	①

Prueba 4

1	2	3	4	5	6	7	8	9	10
③	①	③	③	②	②	①	②	①	①

Prueba 5

1	2	3	4	5	6	7	8	9	10
①	①	①	③	③	③	①	②	③	②

Prueba 6

1	2	3	4	5	6	7	8	9	10
①	②	②	③	①	②	②	①	③	③

Prueba 7

1	2	3	4	5	6	7	8	9	10
③	②	①	③	②	②	①	②	②	②

Prueba 8

1	2	3	4	5	6	7	8	9	10
③	①	②	②	①	②	③	①	②	①

Prueba 9

1	2	3	4	5	6	7	8	9	10
③	②	②	③	②	③	③	①	③	②

Repaso 1

1	2	3	4	5	6	7	8	9	10
③	③	③	①	②	②	②	②	③	③

Prueba 10

1	2	3	4	5	6	7	8	9	10
①	②	②	①	②	③	②	①	②	②

Prueba 11

1	2	3	4	5	6	7	8	9	10
②	①	②	②	①	②	②	③	①	②

Prueba 12

1	2	3	4	5	6	7	8	9	10
②	①	①	③	①	②	①	①	②	②

Prueba 13

1	2	3	4	5	6	7	8	9	10
②	③	①	③	①	③	②	②	①	②

Prueba 14

1	2	3	4	5	6	7	8	9	10
③	②	③	②	②	①	②	①	①	①

Prueba 15

1	2	3	4	5	6	7	8	9	10
②	②	③	①	②	③	②	①	①	①

Prueba 16

1	2	3	4	5	6	7	8	9	10
③	①	③	③	③	③	①	②	③	②

Prueba 17

1	2	3	4	5	6	7	8	9	10
①	③	②	①	③	①	①	②	①	③

Prueba 18

1	2	3	4	5	6	7	8	9	10
①	③	②	①	②	③	①	①	①	③

Repaso 2

1	2	3	4	5	6	7	8	9	10
③	①	②	②	①	③	②	①	②	②

Prueba 19

1	2	3	4	5	6	7	8	9	10
③	②	②	③	②	②	①	②	①	②

Prueba 20

1	2	3	4	5	6	7	8	9	10
②	②	②	①	①	③	①	②	①	③

Prueba 21

1	2	3	4	5	6	7	8	9	10
②	②	③	①	③	②	①	③	③	①

Prueba 22

1	2	3	4	5	6	7	8	9	10
③	③	②	③	②	③	①	③	③	①

Prueba 23

1	2	3	4	5	6	7	8	9	10
②	③	③	③	③	②	①	②	①	③

Prueba 24

1	2	3	4	5	6	7	8	9	10
①	②	③	②	③	③	③	②	②	①

Prueba 25

1	2	3	4	5	6	7	8	9	10
②	②	②	①	③	②	②	①	②	③

Repaso 3

1	2	3	4	5	6	7	8	9	10
③	③	①	②	②	②	②	③	①	①

A

abandonar tr. 버리다, 포기하다
accidente m. 사고, 사건, 우연
acercar tr. 접근시키다; ~se 다가가다
acudir intr. (자주) 가다, (~에) 호소하다
acuerdo m. 합의, 일치
advertir tr. 알아차리다, 경고하다
afuera f. 교외; adv. 밖으로, 밖에
ahorrar tr. 저축하다, 절약하다
ajedrez m. 체스, 서양식 장기
alfombra f. 카펫
alquilar tr. 임대하다, 빌리다
alrededor m. 주위, 근교; adv. 주위에
alta f. 퇴원 허가(서)
altura f. 높이, 수준
alzar tr. 올리다, 건축하다; ~se 표면에 솟아나다, 세워지다
amistad f. 우정
ancho,a adj. 넓은, 여유 있는
animar tr. 활기를 북돋우다, 고무하다
anotación f. 기록, 등록, 득점
apenas conj. ~하자마자; adv. 거의 ~아니다
apocopar tr. (단어의) 어미를 탈락시키다
aprobar tr. 허가하다, 합격하다
aprovechar tr. 이용하다; intr. (무엇이) 이롭게 작용하다
arrojar tr. 던지다
asiento m. 좌석, 자리
asignatura f. 과목
asimismo adv. 게다가
asistir intr. 참석하다; tr. 돕다
atender tr. 대접하다, 맞아들이다
atrapar tr. (도망가는 사람을) 잡다, (물건을) 잡다
atreverse prnl. (+ a) 감히 ~하다
averiado,a adj. 고장 난
ayudar tr. 돕다, 도와주다

B

baja f. 하락, 퇴직, 탈퇴(자), 휴가서류
banco m. 은행, 벤치
bendecir tr. 축복하다
bendito,a adj. 축복받은; m.f. 축복 받은 사람, 시복 받은 사람
boca f. 입, 입구
bocaza m.f. 수다쟁이
bota f. 부츠, 장화
borrón m. 초고, 잉크의 얼룩
boscoso,a adj. 숲이 있는
breve adj. 짧은 시간의, 간단한
bronca f. 싸움, 말다툼, 엄한 질책

C

caber intr. (~에) 들어갈 수 있다
cabo m. (물건의) 끝
cabra f. 염소
calabaza f. 호박
callado,a adj. 입을 다문, 조용한
cancelar tr. 취소하다, 해약하다
candidato,a m.f. 후보자, 지원자
cargado,a adj. 적재한, 가득한, 무거운, 진한

casero,a adj. 집의, 집에서 만든, 가정적인
cautela f. 주의, 조심
charlar tr. 잡담하다, 수다 떨다
churro m. 츄로
ciego,a m.f. 시각 장애인
cierto,a adj. 어떤, 확실한
cigarrillo m. 담배
cima f. 꼭대기, 정상
cine m. 영화, 영화관
circunstancia f. 환경, 상황
cobarde adj. 소심한, 비겁한
cobertura f. 덮개, (전파가) 퍼지는 범위
comarca f. 지방, 지역
comentario m. 해설, 논평
cometer tr. (죄나 실수를) 범하다, 저지르다
compartir tr. 나누다, 공동으로 하다, 분담하다
comportar tr. 수반하다, 가져오다; ~se 행동하다
concluir tr. 끝내다, 끝마치다
condición f. 조건, 상태
congreso m. 회의, 학회
conocimiento m. 인식, 지식, 의식
conque conj. 그래서, 그러므로
conseguir tr. 얻다, 획득하다
considerar tr. (~라고) 생각하다, 여기다
consigo pron. 자신과 함께
consultar tr. 상담하다, (사전을) 찾다, 참조하다
contraataque m. 반격, 역습
contratar tr. 계약하다, 고용 계약을 하다
convencer tr. 납득시키다, 설득하다
conversación f. 대화, 대담
convocar tr. 소집하다, 공고하다
copa f. 잔, 트로피, 수관
corregir tr. 수정하다
costa f. 해변
costar intr. 비용이 들다, 값이 ~이다
costo m. 비용, 경비
cotorra f. 앵무새
cuadro m. 그림
cualquiera pron. 어떤 것이든, 누구라도; adj. 어떤, 여하한; m.f. 하찮은 사람, 중요하지 않은 사람
cuanto adj. ~하는 모든; pron. ~하는 모든 것
cuánto adj. 몇 개의; pron. 몇 개, 몇 사람
cubierta f. 덮개, 커버
cuenta f. 계산, 계산서
cuento m. 이야기
cuerda f. 줄, 끈
cuerno m. 뿔
cuidar tr. 보살피다, 돌보다
culpa f. 실수, 잘못
culpable adj. 죄가 있는; m.f. 책임자

D

decidir tr. 결정하다, 결심하다
decisión f. 결정, 결심
declarar tr. 선언하다, 표명하다
dejar tr. 내버려두다, 허락하다
delincuente adj. 죄를 지은; m.f. 범죄자
demás pron. 다른 사람들; adj. 다른, 그 밖의
deprisa adv. 서둘러, 급히
desanimar tr. 실망시키다; ~se 낙담하다, 기력을 잃다
desaparecer intr. 사라지다
descalzo,a adj. 맨발의
descansar tr. 쉬게 하다, 휴식을 취하다
deslizar tr. 미끄러지게 하다; ~se 미끄러지다
desmayar tr. 실신하게 하다; ~se 실신하다, 기절하다
despacho m. 사무실
despedir tr. 헤어지다, 해고하다; ~se 이별하다,

작별하다
destino m. 운명, 목적, 목적지
detener tr. 멈추다, 정지시키다
determinado,a adj. 정해진, 결정된
devolver tr. 반환하다, 돌려주다
diestro,a adj. 오른쪽의; m.f. 오른손잡이
dispuesto,a adj. 배치된, (~할) 준비된
divertir tr. 즐겁게 하다; ~se 즐기다
doblar tr. 두 배로 하다, 접다

E

echar tr. 던지다
ecológico,a adj. 환경의
edad f. 나이
eficiente adj. 유능한, 효과적인
elegir tr. 고르다. 선출하다, 뽑다
eliminatoria f. 예선; adj. 예비전형의
empresa f. 회사, 기업
encender tr. 점화하다, 불을 붙이다
enfadar tr. 화나게 하다; ~se 화나다
enfermar tr. 병에 걸리게 하다; intr. 병에 걸리다; ~se 병에 걸리다
enfrente adv. 정면에
enterrar tr. 묻다, 매장하다
entregar tr. 건네주다; ~se 자청하다, 몰두하다, 항복하다
entrevista f. 인터뷰
entrevistar tr. 인터뷰하다; ~se 회담하다, (누구에게) 인터뷰하다
escote m. 옷깃, (옷의) 앞가슴
esforzar tr. 힘을 집중하다; ~se 힘쓰다, 노력하다
espina f. 가시
esterilla f. (요가) 매트
estudio m. 공부, 학습, 연구실
estudioso,a adj. 학구적인, 부지런한
excusa f. 변명, 구실
experiencia f. 경험, 경력
exprimido,a adj. 착즙된

F

falso,a adj. 거짓의, 허위의, 위조의
faltar intr. 빠져있다, ~가 없다, ~하는 것이 남아 있다
favor m. 호의, 친절, 부탁
fe f. 믿음, 신앙
fichar tr. 분류하다, 기입하다, 계약을 체결하다
fin m. 끝, 결말, 목표
fiscal adj. 재정의; m.f. 검사, 검찰관
flan m. 푸딩
flechazo m. 화살을 쏨, 한눈에 반함
folleto m. 팸플릿
fondo m. 바닥, 깊이, 본질, 근본
fotocopia f. 복사(물)
frase f. 구(句), 문장
fraude f. 사기행위, 사기죄; ~ fiscal 탈세
frente f. 이마, 정면
fumador,ra adj. 담배를 피우는; m.f. 흡연자
función f. 기능, 공연, 행사

G

galleta f. 비스킷
garganta f. 목구멍
gordo,a adj. 뚱뚱한, 두꺼운, 더 중요한; m. 복권의 1등
grano m. (곡물의) 낟알, 씨앗
gritar intr. 고함치다, 외치다
guau onomat. 멍멍

H

habilitado,a adj. 자격이 있는, (장소가) 준비된
hablador,ra adj. 말이 많은, 수다스러운; m.f. 수다스러운 사람
hambriento,a adj. 배고픈, 허기진
hoja f. 나뭇잎, 인쇄물, (책의) 한 장
hospedar tr. 숙박시키다; ~se 숙박하다
hueso m. 뼈

I

incendiar tr. 방화하다, 불을 지르다; ~se 불이 나다, 타다
increíble adj. 믿을 수 없는
incumplido,a adj. 약속을 이행하지 않은
infantil adj. 유아의, 순진한
informado,a adj. 정보를 갖고 있는, 정보에 밝은
infraganti adv. 현행범으로
ingresar tr. 입금하다, 입원시키다, 입원하다, 입회하다
inocentada f. 악의 없는 장난, (12월28일 죄 없는 아기 순교자들 축일에 하는) 농담
inocente adj. 순진한, 천진난만한
inseparable adj. 분리할 수 없는, 나눌 수 없는
instante m. 순간, 순식간
instrucción f. 교육, 지시
insultar tr. 모욕하다, 욕을 퍼붓다
intemperie f. 악천후
intentar tr. 시도하다, (~하려고) 생각하다
introducir tr. 도입하다, 소개하다

J

jefe,fa m.f. 상사, 우두머리
jugador,ra m.f. 선수
jurado m. 배심원단, 심사원

L

labor f. 일, 노동
lado m. 면, 측면
largar tr. 놓아 주다, (부적절하게) 말하다,
lengua f. 언어, 혀
letra f. 글자, 문자
liebre f. 토끼
ligero,a adj. 가벼운
lista f. 리스트, 명부
llama f. 화염, 불꽃
llevar tr. 지니고 있다, 가지고 가다; ~se 가지고 가다, 휴대하다
local adj. 장소의, 지방의; m. 점포
lógico,a adj. 논리적인, 당연한
lograr tr. 달성하다, 이루다
lotería f. 복권
lugar m. 장소, 여지

M

madera f. 목재
maduración f. 성숙, 무르익음
maduro adj. 익은, 무르익은, 신중한
maleta f. 여행가방
mantener tr. 유지하다, 부양하다
manual adj. 손을 사용한; m. 매뉴얼
mar m.f. 바다, 많음
marchar intr. 걷다, 행진하다, 작동하다
medio adj. 절반의; adv. 반은, 절반은; m. 중앙, 수단
media f. 평균, (pl.) 스타킹
mejorar tr. 개선하다; ~se 좋아지다, 회복되다
mensaje m. 메시지
mentir intr. 거짓말하다

merecer tr. 칭찬을 받을 만하다
miau onomat. 야옹
miga f. 부스러기
mojado,a adj. 젖은
morado,a adj. 자주색의; m. 멍
moneda f. 동전, 통화
moño m. 말아 올린 머리카락, 새의 관모
mueble m. 가구
muleta f. 목발
musgo m. 이끼

N

nariz f. 코
necesitar tr. 필요로 하다
negociación f. 교섭, 협의, 회담
negocio m. 업무, 사업, 거래
nervioso,a adj. 긴장한, 신경의
notición m. 빅뉴스
novedad f. 새로움, 변화
nube f. 구름
nudo m. 매듭, 묶음
numeral adj. 수를 나타내는; m. 수사

O

obligar tr. 강요하다
ocurrir intr. 발생하다, 벌어지다
ofrecer tr. 제공하다; ~se 몸을 바치다, 스스로 떠맡다
oído m. 귀, 청각
ola f. 파도, 물결
olor m. 향기, 냄새
olvidar tr. 잊다, 잊어버리다
opción f. 선택, 선택권
operar tr. 수술하다
ordenar tr. 명령하다
ostra f. 굴, 석화
otorgar tr. 주다, 수여하다

P

paciente m.f. 환자
página f. 페이지
parador m. 파라도르(숙박시설)
parar tr. 멈추게 하다; ~se 멈추다
pared f. 벽
participar intr. 참가하다; tr. 알리다
partido m. 경기, 정당
pasado m. 과거
pata f. (동물의) 발과 다리
pedazo m. 조각, 일부분
pegar tr. 붙이다, 연결시키다
pelo m. 머리카락
pelota f. 공; m.f. 아부하는 사람
perder tr. 잃다, 놓치다
perfecto,a adj. 완벽한
permitir tr. 허가하다, 용인하다
personal m. 직원, 인원
pez m. 물고기
pico m. (새의) 주둥이, 뾰족한 끝, 조금, 소량
pie m. 발
piedra f. 돌
pierna f. 다리
pino m. 소나무
pío m. 삐약삐약
planificar tr. 계획을 세우다
plano m. 평면, (문제의) 측면
playa f. 해변
plaza f. 광장, 구획
plumero m. 깃털 먼지떨이, 관모
podrido,a adj. 썩은, 부패된
polvo m. 먼지, 가루
popa f. 배의 뒷부분, 선미

portero,a m.f. 수위, 관리인
posibilidad f. 가능성
posiblemente adv. 아마도
prácticamente adv. 실제로, 사실상, 실질적으로
precioso,a adj. 귀중한, 아름다운
precisamente adv. 정확하게
preocupar tr. 걱정시키다; ~se 걱정하다
preparatorio,a adj. 준비의, 예비 교육의
preposición f. 전치사
presenciar tr. 목격하다, 출석하다
presente adj. 현재의; m. 현재
prestar tr. 빌려주다
presunto,a adj. 용의의, 추정의
presupuesto m. 예산, 견적
profesional m.f. 전문가
prometer tr. 약속하다
pronunciar tr. 발음하다, 말하다
pub m. 퍼브(술과 음료를 파는 대중적인 술집)
pulga f. 벼룩
punta f. 뾰족한 끝,
punto m. 점
puntual adj. 시간을 잘 지키는

Q

quicio m. 문의 경첩이 달린 쪽 기둥

R

rabo m. (동물의) 꼬리
rama f. (나무의) 가지
rata f. 쥐
recién adv. 최근, 막...한
recomendable adj. 추천할 만한
reconciliar tr. 화해시키다; ~se 서로 화해하다
reconocer tr. 인지하다, 인정하다
recuerdo m. 기억, 추억, 기념품, (pl.) 안부
redacción f. 작문, 받아쓰기
reducir tr. 줄이다, 축소하다
reflexionar tr. intr. 숙고하다
regañar tr. 야단치다, 꾸짖다
régimen m. 체제, 식이요법, 다이어트
relato m. 이야기
requerir tr. 알리다, 통보하다
rescatar tr. 구조하다
respetar tr. 존경하다
reunir tr. 모으다, 합치다; ~se 모이다
riquísimo,a adj. 매우 맛있는, 매우 부자인
robar tr. 훔치다, 빼앗다
roble m. 떡갈나무
rodeo m. 둘러싸기, 말을 빙빙 돌리기
roncar intr. 코를 골다
ruido m. 소음

S

sabor m. 맛
saludar tr. 인사하다
salvar tr. 구하다, 돕다; ~se 구출되다, 살다
salvo,a adj. 무사한, 안전한
sangre f. 피, 혈액
sano,a adj. 건강한
seguidor,ra m. 팬, 추종자; adj. 뒤따르는
sentado,a adj. 앉아있는, 분별 있는
serio,a adj. 진지한
sillón m. 안락의자
siniestro,a adj. 불길한, 왼쪽의
solucionar tr. 해결하다
sonido m. 소리
sombra f. 그늘
soportar tr. 참다, 떠받치다
sospechar intr. 의심하다; tr. 추측하여 ~라고

생각하다
sucio,a adj. 더러운
sudor m. 땀
suponer tr. 생각하다, 추측하다, 추정하다
suspender tr. 매달다, 낙제시키다, 정지하다
sustantivo m. 명사
susto m. 놀라움, 두려움

T

tabaco m. 담배
tachar tr. 쓴 것을 지우다, (~라고) 비난하다
tanto m. 약간, 일정한 양; pron. 그 정도의 것; adj. 그렇게 많은; adv. 그렇게
tejado m. 지붕
tierra f. 땅, 지구
timbre m. 초인종, 스탬프
tirar tr. 던지다, 집어 던지다
titular m.f. 자격이 있는 사람, 명의인; m. 표제; adj. 자격(직함)이 있는
toalla f. 수건
tobillo m. 발목
tocar tr. 만지다, 연주하다
torcerse tr. 비틀다; ~se 삐다
toro m. 황소
torre f. 탑
tortilla f. 토르티야, 오믈렛
totalmente adv. 완전히, 전적으로
tragar tr. 삼키다
trasladar tr. 옮기다, 이동시키다; ~se 이사하다, 이동하다
tribunal m. 법정, 재판
trigésimo,a adj. 30번째의
tumba f. 무덤
tumbar tr. 넘어뜨리다; ~se 드러눕다
túnel m. 터널

U

uña f. 손톱

V

vacante adj. 비어있는, 공석의; f. 공석, 결원
vencido,a adj. 만료된, 만기의
verdad f. 진실
verde adj. 초록색의, 초보의
vestir tr. 옷을 입히다; ~se 옷을 입다
vidriera f. 쇼윈도, 진열창
viento m. 바람
vistazo m. 흘깃 쳐다봄

Y

yoga m. 요가

Z

zona f. 지역, 구역
zurdo,a adj. 왼손의, 왼손잡이의; m.f. 왼손잡이

스페인어 250
문항분석

초판 1쇄 발행 2019년 9월 2일
초판 2쇄 발행 2023년 8월 30일

지은이 유은정
발행인 고윤성
기획 신선호, 박경민
편집장 장혜정
도서편집 노재은, 변다은
디자인 정정은, 김대욱, 최재영
캐릭터 변혜준
인사행정 이근영
재무회계 김문규, 정예찬
전자책 · 사전 변다은
발행처 한국외국어대학교 지식출판콘텐츠원
02450 서울특별시 동대문구 이문로 107
전화 02)2173-2494~7
팩스 02)2173-3363
홈페이지 http://press.hufs.ac.kr
전자우편 press@hufs.ac.kr
출판등록 제6-6호(1969. 4. 30)
디자인 · 편집 (주)이환디앤비 02)2254-4301
인쇄 · 제본 (주)케이랩 053)583-6885

ISBN 979-11-5901-603-5 (93770) 정가: 18,000원

*잘못된 책은 교환하여 드립니다.

HUiNE은 한국외국어대학교 지식출판콘텐츠원의 어학도서, 사회과학도서, 지역학 도서 Sub Brand이다. 한국외대의 영문명인 HUFS, 현명한 국제전문가 양성(International +Intelligent)의 의미를 담고 있으며, 휴인(携引)의 뜻인 '이끌다, 끌고 나가다'라는 의미처럼 출판계를 이끄는 리더로서, 혁신의 이미지를 담고 있다.